职业生涯设计

郭 素 陈 继 主编

云南美术出版社

图书在版编目（CIP）数据

职业生涯设计 / 郭素 , 陈继主编 . -- 昆明 : 云南
美术出版社, 2022.7

ISBN 978-7-5489-5058-5

Ⅰ . ①职… Ⅱ . ①郭… ②陈… Ⅲ . ①职业选择—高
等职业教育—教材 Ⅳ . ①G717.38

中国版本图书馆 CIP 数据核字 (2022) 第 131715 号

责任编辑：王飞虎
责任校对：李金萍　师丽春　胡国泉

职业生涯设计
郭素　陈继　主编

出版发行：云南美术出版社
社　　址：昆明市环城西路 609 号
印　　刷：云南金伦云印实业股份有限公司
开　　本：787mm×1092mm　1/16
印　　张：10.25
字　　数：188 千
版　　次：2022 年 7 月第 1 版
印　　次：2022 年 7 月第 1 次印刷
书　　号：ISBN 978-7-5489-5058-5
定　　价：58.00 元

目　录

第三单元　职业生涯发展目标与措施

第四单元　职业生涯发展与就业创业

第五单元　职业生涯设计管理与调整

第一单元　职业生涯设计与职业理想

第一节　面向未来的职业生涯设计

案例故事

小郑的职业规划

小郑职业学校毕业后，劳务输出到日本工作了3年，回国后到母校咨询怎样找个好工作。小郑学的是服装设计，可她对服装设计并不感兴趣。在日本3年，她日语学得还不错，性格也比较活泼。职业规划老师为她设计了一个为期3年的职业生涯设计。第一年，找一家日资企业工作，不计较薪水高低，目的是在工作中能强化日语。业余时间，进修日语及办公自动化，同时考过日语二级。日语读、写有一定水平后，找一份日语翻译或办公室文员工作，锻炼各方面能力，熟悉日资企业的文化和管理理念。业余时间，通过读夜大或自考提升专业水平和文化素养。读夜大或自考提升第三年，如果所在公司有好的发展机会，则继续努力。如果发展机会不大，就换一家公司。这一切如能顺利进行，那么3年后小郑应该有一份不错的白领工作。

一年过去了，小郑的日语通过了二级，跳槽到了一家日资大公司做翻译。小郑在面试中凭借熟练的口语及过硬的计算机能力，在与几位应届大学生的竞争中脱颖而出。

现在她充满自信，对自己的工作很满意。和她一起去日本留学的同学，有的结婚生子，当了闲职太太，有的在流水线上日复一日地劳动，与她相比，相差太大了。她很庆幸听从了职业规划老师的建议。

 **案例分析**

小郑的职业规划之所以成功，是她对自己的能力有着清晰的认识，加之听从职业导师的指导，潜心学习提升自己，才有了更大的发展空间。

一、职业与职业生涯设计

1. 职业的含义

通常把不同专业领域中一系列相似性的服务或彼此相关工作的集合称为职业。职业也指人们在社会中所从事的有稳定的、合法收入的活动，它既是人们为社会做贡献、实现人生价值的舞台，也是人们谋生的手段。职业在经济社会中是客观存在的，与个人无关，例如会计、教师、建筑设计师、导游等。职业是人类社会发展到一定历史阶段的产物，是随着社会分工的产生而出现的。

如果要给职业下一个定义，可以这样阐述：职业是参与社会分工，利用专门知识技能创造物质或精神财富，获得合理的报酬，满足物质和精神需求的社会劳动。因此职业具有以下四方面的含义：

（1）与人类的需求结构相关，强调社会分工；

（2）与职业的内在属性相关，强调利用专门的知识和技能；

（3）与社会生活相关，强调创造物质和精神财富，获取合理报酬；

（4）与个人生活相关，强调物质生活来源，并涉及满足精神生活。

职业对社会和人生起着十分重要的作用。它是决定人们生活方式的基础，是实现个体价值的途径和完善人们个性的手段，同时也是推动社会进步的动力。

2. 职业生涯的概念

职业生涯是个发展的概念，即将个人的职业生活看作一个动态的过程，具有浓厚的个人色彩。简单来说，职业生涯就是一个人的终身职业经历。一个人一生中连续从事的职业，不仅包括过去、现在和未来那些可以实际观察到的职业发展过程，而且包括个人对职业生涯发展的见解和期望。具体来讲，职业生涯是以心理开发、生理开发、智力开发、技能开发、伦理开发等潜能开发为基础，以工作内容的确定和变化、工作业绩的评价、工资待遇、职称、职务的变动为标志，以满足需要为目标的工作经历和内心体验的过程。

职业的发展是个人发展中最主要的内容，它跨越人的一生，并涵盖个人的自我概念、家庭生活以及个人所处的社会环境、文化氛围等方方面面。职业生涯对个人发展的意义十分重大。一般来说，个人希望从职业生涯的经历中不断成长和发展。

个人通过职业生涯设计，使自己一生的职业有明确的方向，从而沿着这个方向，充分发挥自己的潜能，使自己走向成功。拥有一份工作很重要，但更重要的是要拥有一份适合自己的工作。拥有一份有成就感和自我实现感的职业是生活幸福、个人充分发展的重要基础。因此，每个人都应该认真规划自己的职业生涯。

想一想：

如果一个人做出错误的职业生涯设计，会有什么后果？如果一个人没有进行职业生涯设计，会怎么样？如果一个人做出了正确的职业生涯设计，又会怎么样呢？

二、职业生涯设计的重要性

1. 职业生涯的特点

职业生涯的是整个人生（生涯）的重要组成部分，主要是指一个人职业发展的全部历程与体验；它覆盖了人一生工作经历中所包括的一系列活动和行为。要想拥有一个光明的未来和理想的职业前途，就必须了解职业生涯的特点——独特性、发展性与阶段性、内在性与外在性、整合性与无边界性、互动性。了解这些特点有助于我们更好地进行职业生涯设计。

（1）独特性

职业生涯的发展是独一无二的。职业生涯依据个人人生目标，为了自我实现而逐渐展开的一段独特的生命历程。每个人所从事的职业不同、个体状态不同，其职业生涯也会有很大的差异性。由于所从事的专业岗位的长期历练，每个人无论在生理、心理、习惯还是行为模式上，都会打上这个岗位和这个人性格的烙印，从而形成不同的职业生涯状态。特别是每个人由于心态、思想和价值观的个体差异，面对岗位工作会有不同的感受、不同的工作方式，就会向着自己潜意识的职业生涯方向发展。随着时间的推移，这种职业生涯的独特性就会越来越明显。正是这种独特性的存在，每个人的职业生涯设计都是个性化的。职业生涯设计越是个性化，它对个人的职业生涯设计才越具有切实的指导意义。在职业生涯设计的过程中，对职业生涯发展规律把握得越深刻，对自己的独特性认识越充分，其职业生涯设计才越有针对性。

（2）发展性与阶段性

职业生涯是一个动态的发展过程，个人在不同的人生阶段会有不同的诉求，这个诉求不断地在工作生活中被表现出来，并寻求满足。职业生涯在这个过程中不断地发展，不管你自己是否愿意，都会随着时间的推移不同程度地成熟起来。发展性在职业生涯中的表现是多方面的，人们通过不断提高个人修养全面提升自己，使自己一步步成长起来；通过实现一个个人生追求来促进个人价值的提升，从而承担越来越重要的社会角色；通过有效的技能训练来提高自己的职业化水平，使自己成为某方面的专家。这些不同的发展和演进与其内在的条件和外部关系都有着紧密的联系。个人职业生涯发展的结果是整个社会的进步和发展。

同时，与人的自然生长规律类似，职业生涯发展也具有阶段性，这种阶段性一般都以工作年限为主要特征，而且每一阶段都会表现出不同的特点。每一阶段之间并不是并列的关系，前一阶段的状态是后一阶段的基础，前一阶段的状态越好，后一阶段的状态才可能更好。职业生涯的每一阶段，都是为后一阶段做铺垫。

如果我们在职业生涯中能够注重发展性与阶段性，积极主动为自己顺利迈向职业生涯的每一步做好准备，高质量完成每一阶段的任务，主动发现每一个职业生涯发展的机会，就可以使自己更快更好地成熟起来。

（3）内在性与外在性

职业生涯可分为外职业生涯和内职业生涯。外职业生涯与内职业生活的关系如下表所示。

外职业生涯与内职业生涯的比较

生涯类别	外职业生涯	内职业生涯
定义	从事一项职业时的工作单位、地点、内容、职务、工资待遇等因素的组合及其变化过程	从事一项职业时所具备的知识、观念、能力、心理素质、内心感受等因素的组合及其变化过程
表现方式	通过名片、工资单、人事档案来体现，如工资、岗位津贴等	通过从事职业时的表现，如工作结果，言谈举止等表现出来
获得方式	外职业生涯的因素通常由别人决定、给予，也容易被别人否定、剥夺，操控权掌握在别人手中，依赖于内职业生涯的发展而增长	内职业生涯的因素等主要靠自己探索、获得，并且不随外职业生涯的因素改变而丧失，是别人无法替代和窃取的人生财富
相互关系	内职业生涯是外职业生涯发展的前提，内职业生涯发展带动外职业生涯。外职业生涯略超前时有动力，超前较多时有压力，超前太大时有毁灭力；内职业生涯略超前时很舒心，超前较多很烦心，超前太多要变心	

（4）整合性与无边界性

由于个人所从事的职业往往会决定其生活形态和对社会贡献的大小，职业生涯不只局限于工作岗位，还囊括了社会生活的方方面面。一个人的职业生涯与他的生活状况和社会贡献是密不可分的，这与职业理想同生活理想、社会理想的关系是一样的。可见，职业生涯的成功必将给人们带来幸福的生活，也将对社会做出更大的贡献。

而在现代的经济社会中，个人职业生涯发展越来越表现出了跨组织、跨地域和跨职业的特点，每个人都有可能在相对比较长的时间段内在不同的国家和地区从事不同的职业，这就是职业生涯的无边界性。

（5）互动性

每个人由于所处的情况不同，加之个体之间的差异，职业生涯的发展过程中充满了偶然因素。许多时候，人们以为是偶然因素在左右他们的前程，但是从长远来看，职业生涯的发展是可以规划的，关键在于人的自身及其与外部互动的水平。因为偶然因素的存在一定有必然因素在起作用，偶然存在于必然之中。况且，职业生涯设计的目的，不是预言职业生涯发展过程中的具体细节，而是给个人提供一个总体的职业生涯发展状态的指导，对职业生涯发展方向作出战略性的把握。职业生涯的互动性正是表现在对职业生涯发展过程中许多偶然因素的把握上，以克服在职业生涯发展中因偶然因素而导致的盲目性。

一般来说，人们都希望从职业生涯中汲取营养，不断成长和发展。通过职业生涯设计，人们不仅要选择职业、单位和地区，还要规划好自己在这个职业队伍中担负的职务等内容。如此一来，个人可以通过职业生涯设计使自己一生的职业有个方向，从而朝着这个方向努力，充分挖掘和开发自己的潜能，走向职业生活的成功。职业生涯设计能力在经济社会飞速发展的今天，是有理想的青年人完善自我、不断发展的必备能力。

相关链接

拉福的成功之路

拉福的父亲是洛克菲勒集团的一名高级职员，在商界打拼了多年，对商海中的事务了如指掌。中学毕业之际，拉福立志经商。他和父亲共同制定了计划：拉福先在麻省理工学院工科学习机械制造并掌握一定的专业知识，毕业后，按照原先的设计，拉福又考入芝加哥大学，开始了为期三年的经济学硕士课程的学习。拉福拿到硕士学位后并没有立即投身商海，而是又去考了公务员，到政府部门工作。因为经商必须要有很强的交往能力，经过五年的政府工作，拉福已经完全具备了成功商人所需的各种条件。于是，他辞职下海，去了通用公司熟悉商业业务。又经过两年，他成功地开办了拉福商贸公司。功夫不负有心人，拉福的准备工作太充分了，他学会了商人应学会的一切。因此，他的生意进展异常顺利，拉福公司的成长速度出奇地快。二十年后，拉福公司的资产由最初的 20 万美元发展为 2 亿美元，而他本人也成为一个奇迹，受到众人的尊敬。

拉福认为他的成功应感谢他父亲的指导，他们共同制定了一个重要的职业生涯设计：工科学习—工学学士—经济学学习—经济学硕士—政府部门工作—锻炼处世能力，建立人际关系—大公司工作—熟悉商务环境—开公司—事业成功，这个方案使他最终功成名就。拉福的职业生涯设计清晰，充分考虑了自己的兴趣、能力，着重突出了职业技能的培养，步骤合理，这种职业生涯设计在他的不懈努力之下，终于变成了现实。

想一想：

拉福的成功经历说明了什么？有计划的就业会对自己职业生涯的发展带来什么样的影响？

2. 职业生涯设计的概念

职业生涯设计，指的是在个人发展与组织发展相结合的基础上，个人通过对职业生涯的主、客观因素分析、总结和测定，确定自己的奋斗目标，并为这一职业目标而预先进行职业生涯发展系统安排的活动或过程。对一个人职业生涯发展道路的设想和规划既包括选择什么职业、在什么地区和什么单位从事这种职业，还包括在这个职业群体担任什么职务等内容。它一般是建立在对个人、组织和社会等因素的科学分析和有效引导的基础之上。

一般来说，个人希望从职业生涯的经历中得到成长和发展。个人通过职业生涯设计，可以使自己的职业有相对明确的方向，从而沿着这个方向，充分发挥自己的潜能，使自己走向成功。

职业生涯设计首先要对个人的自身特点进行分析，然后对所在的组织和社会环境进行分析，根据分析结果制定个人的发展目标，选择实现这一目标的职业，制定相应的工作、教育、培训、发展等行动计划，并对每一步骤的时间、顺序、方向做出合理的安排。

职业生涯设计主要包含五大要素，分别是知己、知彼、抉择、定目标和采取行动。

（1）知己

对自我充分认识与了解。即回答：你是怎么样的人？你希望成为怎样的人？你的才能和可能的限制是什么？知己要素包括：兴趣、性格、性向、价值观、抱负等。在选择任何一种职业之前，我们要对自己进行全面的分析，首先要弄清我能做什么？我可以做什么？我想要做什么？我应该做什么？

（2）知彼

对外在环境认识和了解。即回答：这个世界到底需要什么？这个世界存在哪些发展机会？知彼的要素包括：教育的权利与工作的机会，了解环境之中的挑战与机会（政治、经济、技术环境的认识与探索等），了解生涯的抉择与社会价值的关系。

（3）抉择

在面临职业生涯选择时作出决定的过程。抉择要素包括抉择的技巧、做决定的风格，及抉择可能面临的冲突、阻力、助力等。

（4）定目标

为自己设立的职业生涯目标，最好具备下列的特征：

自己想要的，设立自己渴望的生涯目标的最大好处之一，就是能够激励自己。

目标具体化，明确的目标使人能够随时检查目标的达成度，定期检查达成目标的策略是否有偏差，并且能集中精力去实现目标。

具有挑战性，凡是有成就的人，会替自己设立一个具有挑战性的目标，在实现目标的过程中，不断超越自我，进步成长。

切合实际，一个具有挑战性的目标，必须有其限度，要切合实际，能够实现。过高的目标，不是理想，而是幻想。只有认真思考过自己的潜能与社会环境因素等来订立的目标才是实际的。

（5）采取行动

在把目标转化为具体的方案并加以实施的过程中，比较重要的行动方案有：职业生涯发展路线选择、职业的选择、相应的教育和培训计划的制定等。

相关链接

职业生涯设计的关键三步

第一步，进行自我评估。即将自己视为卖方或一件产品，挖掘出自己身上最大的卖点，如专长、能力、爱好、性格、价值观等。

第二步，收集、评估和判断职业信息。也就是注意分析市场供求关系、职业发展趋势、企业文化构成、职位工作说明等。

第三步，整合职业信息和自我资源，然后作出决定。这一步的目的是将以上两组信息综合起来分析，最终作出明智的职业决策。

3. 职业生涯设计的现实意义

美国哈佛大学的班菲德博士对社会进步动力的研究发现，成功的人往往时间观念都很强。他们会用长期的观点去考虑问题，他们会作出未来 5 年、10 年，甚至 20 年的计划。他们分配资源或作决策都是基于自己在几年后的地位而定。这一研究成果，对于刚刚跨入社会的职场人士有着重要的启示作用。对职业生涯的长远规划，是我们未来事业能够蒸蒸日上的重要条件。

古人云："凡事预则立，不预则废。"这里所谓的"预"实际上就是设计、规划的意思。所有人都应当审时度势，为自己设计未来。有了事业的目标，生活才会不盲从；有了工作的追求，生活才会有动力。对自己职业生涯的设计就是将自己的理想转化为现实的人生，把对未来事业发展的预期转变为明确的行动步骤。

合理的职业生涯设计可以帮助个人清楚地了解自己的实力和专业技能，以便制定有针对性的职业发展计划，更好地掌握前途和命运。因此，职业生涯设计的目的不仅仅是帮助个人实现人生目标，更重要的是帮助个人真正地了解自己，并在详细评估了内外环境的基础上设计出合理可行的职业生涯发展规划。

职校学生要认识到职业生涯设计的重要意义。职业生涯活动将伴随我们的大半生，拥有成功的职业生涯才能实现完美的人生。职业生涯设计具有特别的重要意义。

（1）发掘自我潜能，增强个人实力

一份行之有效的职业生涯设计将会引导你正确认识自身的个性特质、现有与潜在的资源优势，帮助你重新对自己的价值进行定位并使其持续增值；引导你对自己的综合优势和劣势进行对比分析；使你树立明确的职业发展目标和职业理想；引导你评估个人目标与现实之间的差距；引导你前瞻与实际相结合的职业定位，搜索或发现新的或有潜力的职业机会；使你学会如何运用科学的方法采取可行的步骤和措施，不断增强你的职业竞争力，实现自己的职业目标与理想。

（2）增强发展的目的性与计划性，增加成功的机会

职业生涯发展要有计划、有目的，不可盲目地撞大运，很多的时候我们的职业生涯受到挫折就是由于职业生涯设计没有做好。好的计划就是成功的开始，凡事预则立，不预则废，就是这个道理。

（3）提升个人的竞争力

当今的社会处在变革的时代，到处充满着激烈的竞争。要想在这场激烈的竞争

中脱颖而出并立于不败之地，必须设计好自己的职业生涯设计，这样才能做到心中有数，不打无准备之仗。而不少应届的大中专毕业生不是首先做好自己的职业生涯设计，而是拿着简历与求职书到处乱跑，总想会撞到好运气找到好工作。结果是浪费了大量的时间、精力和资金，到头来只能感叹招聘单位有眼无珠，不能慧眼识英雄，叹息自己英雄无用武之地。这部分的毕业生没有充分认识到职业生涯设计的意义和重要性，认为找理想的工作靠的是学识、业绩、耐心、关系、口才等条件，职业生涯设计纯属纸上谈兵，简直就是耽误时间，有那时间还不如多跑两家招聘单位。这是一个错误的观念。实际上未雨绸缪，先做好职业生涯设计，磨刀不误砍柴工，有了清晰的认识与明确的目标之后再将求职活动付诸行动，这样的效果要好得多，也更经济、更科学。

阅读感悟

小王的职业抉择

小王面临毕业，对职业有两种选择，分别如下：

一、到学校做一名学生管理工作者。优势是她自己有这方面的兴趣和理想，也曾做过辅导员助理，有相关工作能力与工作经验；人力资源管理的专业知识能让她在从事学生管理工作时得心应手；她还富有爱心、交际能力强，能成为学生心目中的好老师。劣势是她是非师范专业毕业生，缺乏教师的基本训练及技巧。

二、到公司做一名行政人员。该公司实力雄厚，待遇不错。可以先从事行政工作，以后有机会再转到喜欢的人力资源部门工作，劣势是公司人才济济，工作压力大，转岗机会小。

案例分析

小王面对的这两种选择，每种选择都有其合理的一面，但对她个人而言，到学校做管理工作可能更符合她本人的职业取向。因为，如果选择喜欢的职业，相信凭着她的努力，小王在以后的工作中会有不错的表现；从职业前途看，教师这个职业社会地位不断上升，只要她不断学习，提升自己，能弥补与师范学生在职业技巧方面的差距，她成为一名好教师的职业理想是不难实现的。

 小贴士

兴趣是最好的老师，是最初的动力，兴趣是成功之母。了解自己，明确自己的特点与爱好，并尽早设计好自己的职业生涯，对自己的成才有着非常重要的作用。调查一再表明：兴趣与成功概率有着明显的正相关性。

问一问：

问一问你周围的同学或朋友，他们的职业生涯设计是什么，并对自己的职业生涯进行设计。

三、职校学生职业生涯设计的特点

个体因为年龄和起点的不同，进行职业生涯设计的思路会有所区别。为了制订一份合理的职校学生职业生涯设计，应该了解职校学生职业生涯设计的特点。

第一，职校学生与普通教育学生的职业生涯设计不同。普通教育学生没有专业定向，他们的规划重点在于是否升学。而职校学生的专业已经定向，即将走上社会。职校学生与已经有职业经历的人的职业生涯设计也不同。有职业经历的人的职业生涯设计是在熟悉职场的基础上进行的，是在为进一步发展作规划。职校学生没有职场经历，应结合所学专业和自己的兴趣、能力等来作职业生涯设计。

第二，我国近几年由于市场需求不足导致就业形势严峻，职校学生应正视这一问题。面对当前的就业形势，应树立正确的就业观、择业观。职校学生的职业生涯设计需要有长期战略，需要未雨绸缪。

第三，由于长期以来我国职校学生专业的设置是需求导向型的，培养的学生非常符合就业市场的需要。职校学生在进行职业生涯设计时，要适应市场需求，把个人发展与社会需要结合起来，把个人发展与祖国的繁荣富强联系在一起。

相关链接

职校学生职业生涯发展阶段

从狭义的职业生涯出发，职业学校学生的职业生涯可分为以下五个阶段：

第一，认识与准备阶段（从选择职业学校到实习前）。认识职业世界，认识职业学校，认识自我的发展方向与潜力，接受教育与培训，获取职业知识，形成职业能力，规划职业生涯，为进入职业世界做好准备。

第二，探索与决策阶段（从选择实习单位到基本确定自己的职业兴奋点）。在教师、家长和相关组织的帮助下，选择实习单位和岗位，并在实践中体验职业世界，检验自我的职业能力，以确定自我相对满意的职业。

第三，适应与发展阶段（25~40岁）。逐渐适应职业岗位的要求，获得职业生涯的发展。此阶段是职业生涯发展的黄金时期。

第四，危机与调整阶段（41~50岁）。在职业变化、职业转换与就业竞争面前，自我素质呈下滑趋势，开始出现职业危机和心理危机。

第五，衰退与离职阶段（50岁以后）。此时处于相对成熟的时期，职业成就大致定型，更多地扮演师傅的角色，在培养新人的过程中逐步淡出，直至离职。

职校学生在校三年，处于职业生涯的认识与准备阶段，其核心任务是认识、准备和规划。

案例

机会之门总是为有所准备的人敞开的

小林在校学习时为自己制订了一个就业的"三年计划"，因为他：决心用三年时间，给别人打工，积累经验和资金，运用在校学习到的本领，自己当老板。林某某来到深圳一家合资的汽车修理公司，不嫌工资低，从打下手干起，直到成为能独当一面、精通技术、小有名气、收入颇丰的高级修理工。他不但钻研修理技术，而且十分留意老板、管理人员怎样待人接物，怎样让顾客成为回头客，怎样进行成本控制、质量监管等。

收入不菲的他，在灯红酒绿的深圳，避开了高消费的诱惑，节省开支，省吃俭用，存下了一笔钱。两年后，他毅然辞去了有丰厚待遇的工作，购买了一些设备，租房办起了自己的汽车修理厂。

当上了老板的他，努力钻研技术，经常鏖战于修理第一线；不但勤于管理、精打细算，而且注意新车型的特点，还把每一位顾客敬若上宾，设身处地为顾客着想，为顾客保养汽车出谋划策，赢得了众多顾客的信赖。一年后，他用赚来的钱，增添设备，增加雇员，扩大了经营规模。现在的他，正在计划着如何用现有资产作抵押从银行贷款，增加一个修理门店，设想今后的发展蓝图，制订修理厂的"五年发展计划"。

案例分析

职业院校的学生在校时要为职业生涯打好基础。机会之门总是为有所准备的人敞开的。小林能开自己的汽车修理厂并不是"天上掉下来的馅饼",首次就业的期望值要现实,就业以后要不断充实自己,为实现自己的发展目标而不懈努力。

实践之窗

张艺谋的成功

现在的张艺谋已成为中国电影的一面旗帜,在他的职业发展中,先后当过插队劳动的农民、工人、摄影师、演员、导演等角色,也是由于这一次次大的职业跳跃和转型,最终造就他成为了一个成功的导演,而他的职业发展历程正是生涯发展阶段论的体现。

(1)职业成长期。特殊的历史环境,张艺谋年轻时插队当了农民和工人,但他始终坚持自己的梦想。27岁时去学习了自己钟爱的摄影,为自己未来的转型进行积累。

(2)职业探索和建立期。重新进入大学后,他选择从摄影做起,坚持在实践中学习。

(3)职业维持期。在电影《黄土地》获奖后,张艺谋出乎意料地选择做一名演员。现在看来,这实在是最明智的选择,因为只有亲身体验过做演员的感受,才能拍出更契合演员的片子。

(4)职业发展期。《红高粱》成功后,张艺谋开始将自己的注意力转向商业片。2008年北京奥运会开幕式的无形宣传,更使得张艺谋导演蜚声海内外。

案例分析

张艺谋导演获得成功,清晰的职业规划是成功的保障。现在我们有着良好的学习环境,也有更好的成才条件,应该抓住机遇,合理规划好自己的职业发展,以此获得职业生涯的成功。

【上网搜索】

上网搜索一个职业生涯设计成功的案例,并将自己的感受与体会记下来。

【调查访问】

做一次小记者,到离学校最近的名企里去采访一线工作者,听听他们的职业生涯设计有什么特点。

【思考人生】

学了本节课，足见职校学生的职业生涯设计有着自身的特点。请你与其他人的职业生涯比较一下，看看它的特点是什么。

第二节　职业理想的作用

案例故事

成功属于有理想的人

小美渴望拥有的是有意义、能让自己过得有价值，能为社会和大众创造幸福的生活。

小美学的是电影专业，她非常热爱电影以及人文地理。毕业之后，小美曾经加入一个小型的微电影制作团队，她负责策划和艺术指导。但这个团队很看重商业利益，所以拍摄要求通常都和小美的理念背道而驰。在和制作人发生了几次大的争执之后，小美离开了这个团队，因为这和她想要实现的理想相差太大。

一个偶然的机会，小美结识了艺术家李老师。通过交流，李老师工作的理念和方式深深地吸引了她。他们的团队主要关注自然生态环境，常深入到条件恶劣的区域拍摄，制作剪辑成短片后，提供给相关的环保机构作为环境保护的素材。

他们拍摄的对象可能是一个污染环境的工厂，也可能是一群濒临绝种的动物等。工作很艰辛，还经常会遇到各种阻挠、恶劣的自然条件、拍摄经费短缺等，但他们的团队富有战斗力和活力，这正是小美所向往的。现在，小美在李老师的团队里工作得特别开心，有激情又有动力。

想一想:

理想是前进的方向，是心中的目标。当一个人有了职业理想后，内心就会迸发出一种超乎寻常的力量，这种力量能促使他实现理想，并最终成就事业。小美正是因为有了自己所追求的职业理想，加之不断努力，最终有了自己喜欢的职业，这是否能给正处于迷茫之中的你一点启示呢？

一、职业理想与个人发展

1.职业理想

职业理想是个人对自己未来职业的向往和追求，既包括职业种类和职业方向的追求，也包括对事业成就的追求。青年时期是世界观和人生观形成的时期，也是职业理想孕育的关键时期。职业理想是理想的重要组成部分，体现了人们的职业价值观，直接指导着人们的择业行为。

职业理想是前进的方向，是心中的目标，它指导并调整着我们的职业活动。人生发展的目标通过职业理想来确立，并最终通过职业理想来实现。俄国作家托尔斯泰曾说过："理想是指路的明灯。没有理想，就没有坚定的方向；没有方向，就没有生活。"有了明确的、切合实际的职业理想，再经过努力奋斗，人生的发展目标必然会实现。

职业理想在现实生活中指导并调整着人们的职业活动，它源于现实又高于现实，比现实更美好。为使美好的憧憬变成现实，人们会以坚忍不拔的毅力和顽强拼搏的精神去努力奋斗。当一个人在工作中偏离了目标时，职业理想就会发挥纠偏作用，尤其是在实践中遇到困难和阻力时，如果没有职业理想的支撑，人就会心灰意冷，丧失斗志。此外，如果一个人只把自己的追求定位在找到"好工作"上，即便是将来有实现的可能，也不能算是崇高的职业理想。因为这样的理想一旦实现，他就会不思进取，甚至虚度年华。只有树立一个崇高的人生目标，并为实现这个目标坚持不懈，奋斗不止，为人民、为国家做出贡献，我们的人生才有意义。

2. 职业理想的特点

职业理想具有社会性、时代性、发展性和个体差异性的特点：

（1）社会性

人的社会性决定了职业理想的社会性。每种职业都有其特定的社会责任，都承担着特定的生产或服务任务。从业者通过自己的职业来履行公民对社会应尽的义务。在一定的社会形态和社会条件下，人们的职业理想逐渐形成。而职业理想的实现同样取决于一定的社会因素，依赖特定的社会条件。以职业流动为例，古代社会由于生产力水平低，职业种类少，人们选择职业的余地很小，也很少变换职业；但到了现代社会，随着科技的进步和生产力的提高，新的职业不断产生，为人们提供了选择职业和变换职业的可能，也为人们职业理想的实现提供了社会条件。经济发展，社会稳定，人们安居乐业，才有可能追求和实现职业理想。

（2）时代性

职业理想具有明显的时代性。社会的分工和职业内涵的变化，是影响一个人职业理想的决定因素。由于生产力发展水平和社会实践的深度、广度的不同，人们的职业追求目标也会有所不同，因为职业理想是一定的生产方式及其所形成的职业地位、职业声望在人们头脑中的反映。例如，计算机的诞生，演绎出计算机工程师、软件工程师、计算机打字员等与计算机相关的职业。2004 年 8 月，国家向社会发布第一批 9 个新职业以后，劳动和社会保障部，每年都会向社会发布若干个新职业。这批新职业是会展策划师、商务策划师、景观设计师、家具设计师、宠物健康护理员、动画绘制员、易货师、二手车经纪人、调音师、电子数据取证分析师、碳排放管理员、工业视觉系统运维员等。这些新职业基本上都集中在现代服务业，主要是管理、策划创意、设计和制作，其特点是不仅要求从业人员有较高的理论知识素养，而且要求有较强的动手能力，属于高技能人才中的知识技能型人才。

（3）发展性

一个人职业理想的内容会因时、因地、因事的变化而变化，具有发展性。随着年龄的增长、社会阅历的增加、知识水平的提高，职业理想会由朦胧变得清晰、由幻想变得理智、由波动变得稳定。因此，职业理想具有一定的发展性。孩提时代想当一名警察，长大后却成为一名教师的例子就说明了这一点。

（4）个体差异性

一个人选择什么样的职业，与他的思想品德、知识结构、能力水平、兴趣爱好等都有很大关系。政治思想觉悟、道德修养水准以及人生观决定着一个人的职业理想方向；知识结构、能力水平决定着一个人的职业理想追求的层次；个人的兴趣爱好、气质性格等非智力因素以及性别特征、身体状况等生理特征也影响着一个人的职业选择。因此，职业理想具有一定的个体差异性。

3. 职业理想对个人发展的作用

职业理想是个人在职业活动中，追求工作、事业发展的动力来源。

（1）人生奋斗的目标

没有目标，就没有动力。人们通过职业活动来追求物质生活、精神生活水平的提高，追求人生价值的实现，追求社会对自己的认同。人们对美好生活的追求和向往，往往要通过职业活动来实现。确立职业理想，就是为自己确立人生实践活动的目的和人生的奋斗目标。

（2）人生力量的源泉

职业理想作为一种可能实现的奋斗目标，是人们实现职业愿望的精神支柱和力量源泉。在力所能及的范围内，追求的目标越高，直接激发出来的动力就越强。职业理想一经确立，人们就会为之付出孜孜不倦的努力，从而取得事业的成功。职业理想在人生发展过程中，不仅可以激励人们对所从事的工作的自豪感和光荣感，而且可以促使人们产生实现理想的责任感和紧迫感，并为实现理想而奋斗不息。

（3）人生价值的实现

人生价值分为自我价值和社会价值两个层面。个人的生存与发展是个人适应社会、融入社会、改造社会的过程，是通过推动经济社会发展过程中的自我完善。个人无论从什么角度去体现自己的人生价值，都要依托某个具体职业。对职业理想的追求，能够促进人生价值的实现。

二、职业理想与社会发展

1. 职业理想对社会发展的作用

职业活动促进社会发展。职业的明显特征之一是社会性。人们不管从事什么职业，都有其应尽的社会责任，同时要承担相应的生产任务或服务任务。

职业活动的成功是人生成功的基本标志，也是社会整体前进的动力。俗话说，"三百六十行，行行出状元"，也正是因为各行各业众多成功从业者的分工合作，才使社会得以存在和发展。从业者的职业发展与整个社会的发展相辅相成，他们在各自的岗位上勤学苦练、奋力拼搏，经济社会就会快速发展。经济社会快速发展，就能产生更多的就业岗位，让更多的人拥有就业机会，就业者也能够获得更多的劳动报酬，并为其家人物质和精神生活奠定基础。社会和人都是依托于各种职业的发展而发展的，人们和社会之间通过职业活动形成互动，从而促进社会发展，形成良性循环。

社会发展带动职业的演变。职业是一种动态的社会现象，是社会分工的产物。人类社会在原始社会末期出现了最初的职业，而这一过程的社会背景正是畜牧业和农业、手工业和农业的分工以及商品交换的出现。

人类社会不断进步，科学技术不断发展。同样，职业的内容和种类也在不断地演变和分化。职业演变的最重要的推动因素之一就是科学技术的进步。科学技术的进步推动了生产力的发展，成为职业演变和分化的根本原因。

随着社会生产力的发展，大规模的机器生产进一步细化了职业分工。此外，职业在活动方式、工作类型、服务内容上也产生了一系列的变化，这些变化是以经济的繁荣发展和人们生活水平的提高为前提条件的。

随着科技的进步、社会的发展，职业也在不断地新陈代谢。每次技术革命都使生产力发生了质的变化，职业的演变也被促进，即老职业的淘汰、新职业的产生以及传统职业的内涵更新在社会的舞台上不断地上演。

另外，促进职业演变的其他因素还有社会制度和管理制度的变革，而人们生活水平的提高也会推动一些职业的产生和发展，尤其是那些直接服务于民的职业。

随着经济社会的发展和科技的进步，人人都有可能不断地更换自己的职业。在20世纪末，未来学家们预测了21世纪职业的更新形势为：大约每15年更新20%，即现在为我们所熟知的大部分职业将在50年后销声匿迹，它们将被一些我们无法预知，甚至难以想象的职业所取代。可见，如果人们想在这样一个知识和技术更新速度极快、竞争愈发激烈的社会中生存和发展，就必须不断学习新知识，掌握新技能，充实自我。只有"活到老学到老"，才能跟得上时代步伐，不被日新月异的社会淘汰。

2. 职业理想与社会理想的关系

一定社会阶层或个人对未来政治结构和社会制度的向往及追求即为社会理想。我们对和谐社会的向往、对幸福小康社会的追求、对共产主义的向往，都可以称为社会理想。也就是说，社会理想是对社会现实及其未来的希望和憧憬。其他理想都受社会理想的支配和制约。可见，社会理想是理想的核心，是人们思想和行动的总目标，它决定了职业理想的发展和实现程度，影响着道德理想、职业理想和生活理想的方方面面。社会理想和职业理想是相辅相成、相互影响的统一体。

社会理想制约职业理想。人们对社会现实与发展的憧憬以及对人生所持的态度都不尽相同，其职业理想就会有不同的表现形式。对全面建成小康社会的追求，引导人们在职业活动中做出更多的努力。正确的社会理想是人们职业活动中的精神支柱，是成就个人事业、推动社会进步的精神力量。个人价值的实现、个人的生存发展需求都要以社会发展的大环境为背景。个人要想发展，就必须以社会成员的愿望符合社会发展的需要为前提。

职业理想促进社会理想的实现。职业理想是实现社会理想的必由之路，是社会理想的具体化。社会理想在没有职业理想做支撑的情况下就会落空。通常情况下，人们通过职业活动追求社会理想的实现，并在其中体现自己的理想道德，实现改造社会、造福人类的目的。同时，人们也借助职业活动取得的报酬来提高物质生活和精神生活水平，也就是实现其生活理想。正确的职业理想是社会理想实现的前提。一个人如果有正确的职业理想，就会对自己的职业前途充满信心，愿意把精力倾注到自己的职业岗位中去，为社会和人民做出更大的贡献。

人们对自己理想的追求和实践，实际上等同于个人对生存发展需要的追求。一个人在社会所需要的职业岗位上，努力发挥聪明才智，为社会经济的发展做出贡献，就是在为实现自己的职业理想而努力。人们对自己职业理想的实践和追求具有双重意义——既推动了社会进步，满足了经济社会发展需求，为实现社会理想做出了努力，又满足了个人对生存发展需要的追求。

爱国要体现在实际行动中。即将走上工作岗位的青年人，要为祖国发展做出贡献，就必须在自己的职业活动中拼搏向上、自强不息。热爱自己即将从事的职业，充满激情地走上工作岗位，是青年人热爱祖国的应有表现。在实现职业理想的过程中，职校学生应该积极投身到社会主义现代化建设的大潮中去，弘扬民族精神，用实实在在的行动报效祖国。

阅读感悟

前途是自己走出来的

小可毕业于某职业学校会计专业，现就职于香港某贸易公司，任公司副总经理。小可毕业后参加了该公司的招聘，录用后成为一名基层仓管员。他从又苦又累的体力活做起，基层的流水工作既艰苦又乏味，往往付出大于回报，小可克服了"眼高手低，吃不得苦"的问题，工作中不管做什么，他都会全身心去做，他利用自己的专业优势解决了不少行业问题，又凭借坚忍不拔的毅力，得到了单位领导和同事的认可，为年轻同事树立了榜样，取得佳绩，他升任为该公司副总经理。很多和他一起毕业的同学、朋友还在不停地找工作—辞职—找工作，认为从事的工作没前途，而在他看来，前途是自己走出来的，不是老板给的。树立正确的人生观、价值观和永不言弃的信念才是最重要的。小可已经收获了人生中最重要的财富，就是具备一种素质：不怕困难，永不放弃。他认为，不管面对什么工作，只要认真做，把它做好，路才会越走越宽。即使起点高，若没有认真对待，路也会越走越窄。

案例分析

近两年，社会的就业压力越来越大，如何把自己"嫁"出去已是广大毕业生的头等大事。只有把自己的职业理想与社会理想紧密结合起来，才能使自己的人生价值得到最大限度的体现。

三、职业理想的实现

为了实现职业理想，我们需要制订一份切实可行的职业生涯设计。所制订的职业生涯设计要有明确的目标、清晰的思路、具体的措施和合理的评价标准，要符合个人实际，这样的职业生涯设计，才具有指导性和可操作性。

焦点讨论

有很多职校学生不知道自己的职业生涯第一步该怎么走，我们身边不乏这样的例子：

走马观花：到自己能接触到的工作场所进行"橱窗式"地游走，甚至就凭自己从报纸、杂志、网络等媒体得到的片面认识，选择一个自己觉得顺眼的职业。

拜金主义：哪行挣钱多就干哪行。

墨守成规：按照社会的传统惯性，根据自己的性别、年龄和学历开始自己的职业生涯。

盲目从众：以他人的选择动向为转移，跟随市场热点盲目地投入其中。

不想努力：不想付出太多努力，却又期望有丰厚的回报，选择最容易从事的职业。

依赖他人：根据他人的计划来决定自己的职业生涯。如依赖父母、兄长、老师、朋友等。

顺其自然：在中考或高考填报志愿时，没有很好地考虑自己的兴趣与未来规划，只是按照自己分数高低填写学校并被录取，但其本人往往对该职业了解不多，这在很大程度上影响着职业生涯的起点和未来方向。

以上同学职业生涯的开始方式是否正确？你觉得应该怎样开始自己的职业生涯？

规划职业生涯的过程，是提高自己的过程。我们必须根据职业生涯发展需要，有意识、有针对性地扬长补短。"扬长"指的是有意识地发现自己的长处，并且在职业活动中积极发挥长处。"补短"就是根据职业生涯发展目标，既要有意识地发现自己的短处，尽量弥补自己的不足，又要在职业准备阶段和从业阶段有意识地不断调整自己，从而不断缩小自身能力与发展目标之间的差距。

从实质上看，职业生涯设计的落脚点就在于让从业者在职业生涯中，有意识地根据职业生涯发展目标付出努力，扬长补短，最终实现自己的职业理想。挖掘自己的长处和发现自己的短处，以及怎样充分发挥长处并尽量缩小差距，是职业生涯设计不可缺少的内容。

职校学生在校学习期间，要在正确的自我评价的基础上，发现自己的长处，鼓足勇气和信心；找到自己的短处，努力弥补不足，缩小差距。了解今后可能从事哪些职业之后，要按照职业对从业者的要求提升自身素质，"扬长补短"地发展自己，主动适应将来要从事的职业的要求。

择业的时候，要向用人单位展示自己的长处，选择能让自己"扬长避短"的职业，而不是盲目从众、单凭主观愿望择业，要做到既不悲观失望、无所适从，也不孤芳自赏、眼高手低。正如《水浒传》中所说的，和张顺相比，李逵是陆地上的强者，可在水中他却是张顺的手下败将。扬长避短，就是要正视自己，利用自己的长处，正确对待自己的短处。

职校学生要珍惜在校生活，并为自己今后的职业生涯发展做好铺垫。随着科学的进步、技术的发展，各种职业对从业者的素质要求也越来越高。在校学生应对照今后即将从事的职业要求做出自我分析，发现自己存在的一些劣势和不足，为提升自身素质制定合理方案；同时发现自己的确拥有从事此职业的一些优势，以提高自信、克服自卑。

想一想：

采访一下已经毕业的师兄、师姐们，了解他们成功的职业生涯。通过多种手段，搜索你即将走进的那一行中"状元"的有关资料，想办法把这些材料汇集成册，甚至在网上发帖子谈自己的想法，看看有什么反响。用你手中的笔描述一下你的职业理想，并说说你打算在未来的学习、生活中如何去实现它。

第二单元 职业生涯发展的条件与机遇

你准备好了吗？机遇只青睐于那些有准备的人。从现在起，你就要努力地掌握专业知识，把自己培养成有知识、有能力的专业人才，只有这样，在未来的职业生涯中，你才能有一个属于自己的广阔天地。未来属于每一个为梦想而努力的人，让我们准备好一切，携手迎接美好未来……职业生涯发展要从所学专业起步。

案例故事

从小事做起

李伟学的是地质专业，成绩非常好。毕业之后，他进入了一家国内知名的石油企业。入职时，他接到通知，到石油一线去接受锻炼。李伟满怀信心地和其他同学一起到了石油重工业基地东北某城市。但到了这里之后，他每天的工作就是和其他同学以及师傅一起到工地去查井，看看有没有异常，或者是负责刷漆。同学们觉得来这里是当监工和苦力。李伟把自己的苦闷告诉了带班师傅，带班师傅跟他说，现在的工作对他们是种锻炼，多一些实地经验，近距离地了解石油工程，为以后去专业部门操作专业机器，设计科学化流程打下基础。企业花了那么多的时间和财力把他们招来，不可能让他们在这里待一辈子的。没多久，经受了锻炼的毕业生们被安排到相关的专业部门，负责很有技术含量的工作。

案例分析

职业发展初期都是从具体的事务性工作开始，一般经过3~5年左右，当有了更多积累，才逐步向有创意、设计、研究等方面发展。

想一想:

1. 李伟的职业经历说明了什么?
2. 李伟的坚持会对他将来的发展有什么影响?

第一节　职业生涯发展的起点

一、专业和专业对应的职业群

专业是指人类社会科学技术进步、生活生产实践中,用来描述职业生涯某一阶段、某一人群,用来谋生,长时期从事的具体业务作业规范。专业也指高等学校或职业学校根据社会专业分工的需要设立的学业类别。中国高等学校和职业学校,根据国家建设需要和学校性质设置各种专业。各专业都有独立的教学计划,以实现专业的培养目标和要求。职业学校的课程,是职校学生未来就业的基础,是为职校学生职业生涯的发展服务的。

职业群指的是专业知识与基本技能相通,工作内容、社会作用和所需从业者素质较为接近的职业群体。几乎每个专业都有与之相对应的职业群。不同的职业群拥有不同的技能,担负着不同的社会职责。选择专业,成为相应的职业群中的一员,然后在自己的岗位上挥洒热情,不但是社会的需要,也是自身价值得以实现的关键。职校学生所学的专业是其进入职场的敲门砖。娴熟地掌握专业技能并学以致用是立足职场的关键。

一个合适的专业对未来职业的选择到底有多重要? 这就好比翅膀对于鸟儿的意义。合适的专业是寻找相应职业群、成就梦想的基础,有了它,才能飞到职业生涯成功的彼岸。所以职校学生应认真学习专业知识,夯实基础,不断提高专业素养,为职业生涯的成功做准备。

二、职业对从业素质的要求

用人单位对求职者有什么样的要求呢? 他们注重的不只是应聘人员某一方面技能的强弱,而更看重求职者的综合素质,他们经常会通过多种方式来了解求职者。

职业素质,是劳动者在一定的生理和心理条件的基础上,通过教育、劳动实践和自我修养等途径而形成和发展起来的,并在职业活动中发挥作用的一种基本品质。它主要包括思想政治素质、职业道德素质、科学文化素质、专业技能素质和身体心理素质五种素质。

1. 思想政治素质

思想政治素质从业者在思想政治上的信仰或信念。它是职业素质的灵魂，对其他四种素质起着统领作用，决定着职校学生未来职业活动的政治方向和价值取向的正确与否。

2. 职业道德素质

职业道德素质是同人们的职业活动紧密联系的符合职业特点要求的道德准则、道德情操与道德品质的总和。即从业人员在职业活动中所表现出来的遵守职业道德规范的状况和水平，是职业素质的核心，也是从业人员职业活动和职业生涯不断得到发展的根本保证。它依靠社会舆论、传统习惯和内心的信念来维持人们的行为规范，它既是对从业人员在职业活动中行为的要求，也是职业对社会所负的道德责任与义务。

从业者的职业道德素质会直接影响用人单位的品牌、声誉和正常运转，因此最受用人单位的关注。

爱岗敬业、诚实守信是职业道德素质的重点。是否具有良好的职业行为习惯是衡量一个人职业道德素质高低的标准。一个人良好的行为习惯的养成，要从日常生活中的点滴小事做起。

培养职业道德素质，首先要立足于自己所学的专业及其对应的职业群。每个行业的工作性质、社会责任、服务对象和服务手段都有所不同，这也决定了它对职业道德素质的要求各有不同。军人要保家卫国，医生要救死扶伤，服务员要热情待客……不管选择哪一个行业，我们都应遵守这一行业的职业道德规范。

相关链接

第一、第二、第三产业的职业道德要求

第一产业职业道德要求：第一产业农业，具有很强的自然属性，受天气、节气时令的影响很大。因此，要求所有战斗在农业各行业中的人员具有尊重自然、保护生态的道德意识。农业生产还要求其行业中的人员具有尊重科学、科技兴农的道德意识。

第二产业职业道德要求：各行各业从业人员应具有专业化协作意识。由于加工制造业的社会分工很详细，一个最终产品往往由许多零件组成，少到十几种，多到上千万种，少则几道工序，多则几百道工序，加工制作是流水作业，各道工序紧密联系，一道工序停工则有可能造成全线停工，因此，每一道工序上的技术人员应立

足本岗，顾全大局，具有专业化协作意识。各行各业从业人员应具有现代化标准意识。所谓现代标准，是指国际现时代水准。每一个产业工人都要自觉地肩负起实现现代化的历史责任，从本行、本业、本岗位做起，高标准、严要求，把追求现代化标准内化为自觉的道德意识。

第三产业职业道德要求：各行各业从业人员应具有服务到位、准确无误的职业道德意识。随着经济的发展，第一、第二产业的发展越来越依赖于第三产业，对第三产业提出了更高的要求，要求第三产业提供及时、准确的信息，优良到位的服务和适用的人才。各行各业从业人员应具有灵活便捷、快速高效的职业道德意识。发展第三产业的根本目的是为了获得生产服务、生活服务、信息服务社会化的快速高效。如果这些服务很慢，而且死板，不能快速实现社会经济效益，甚至带来浪费，那就有悖于发展第三产业的意义了。

3. 科学文化素质

科学文化素质是职业素质的基础，是从业者对自然、社会、思维、科学知识等人类文化成果的认识和掌握的程度。职校学生的科学文化素质主要表现在强烈的求知欲、对知识的学习态度、学习习惯、学习方法和求实、创新的科学精神上。

4. 专业技能素质

专业技能素质是指从业人员在职业活动中在专业技能和专业知识方面表现出来的状况和水平。职校学生与同年龄其他青年人的重要区别就在于，他们掌握着熟练的专业技能、扎实的专业知识，具有在职业活动中改造自然、改造社会的实践能力。职校学生要想在今后的人生历程中，通过职业活动获得稳定收入、立足于社会，必须掌握熟练的专业技能，因为专业技能素质是职业素质构成中的重点。而思想政治、职业道德、科学文化素质大都要通过专业技能的运用才能体现出来。

5. 身体心理素质

身体心理素质是指从业人员身体各器官的机能和个性心理品质的状态和水平，它的具体表现是健康的体魄、健全的心理。健康的体魄主要表现在体格强健、身体健康、动作协调，而健全的心理主要表现在能力齐备、情感健康、意志坚强。身体心理素质是职业素质的载体，也是职校学生获得职业生涯成功的重要条件。在竞争日趋激烈的现代社会里，身体心理素质已经成为现代职业人必须面对的主要问题。

要想顶住现实社会的压力，身心健康、乐观自信、精力充沛是从业者必不可少的身体心理素质。职业不同，对健康体魄要求的侧重点也就不同。职校学生应该了解所学专业对应职业群对从业人员的身体要求，以便针对性地进行强化训练。例如，有的职业对四肢的灵活程度即大动作能力要求相当高；有的职业则对手和手指的灵活程度即精细动作能力要求较高；有的职业要求从业人员有较好的视力；有的则对从业人员的听力要求很高……职校学生了解了这些要求后，就应该着手进行有针对性的训练了。

对于身体条件有所欠缺的职校学生来说，心理健康显得尤为重要。在 2022 年北京冬奥会上，各国的运动健儿都表现出了令人敬佩的坚强意志。每一枚奖牌的获得，都是运动员克服常人无法想象的困难而进行锻炼的结果。而那些为残奥会付出过且最终坚持到底的运动员同样博得了观众们的热烈掌声。

思想政治素质是灵魂，职业道德素质是核心，科学文化素质是基础，专业技能素质是重点，身体心理素质是载体。这五种素质构成了一个统一的整体。而这五种素质又集中表现为从业人员具有的实践能力和创新精神。因此，职校学生要努力培养自己的实践能力和创新精神，争取进一步提高自己的职业素质。

相关链接

世界 500 强企业优秀员工的 12 条核心标准

1. 敬业精神

一个人的工作是他生存的基本权利，有没有权利在这个世界上生存，看他能不能认真地对待工作。能力不是主要的，能力差一点，只要有敬业精神，能力会提高的。如果一个人的本职工作做不好，应付工作，最终失去的是信誉，再找别的工作、做其他事情都没有可信度。如果认真做好一个工作，往往还有更好的、更重要的工作等着你去做。这就是良性发展。

2. 忠诚

忠诚建立信任，忠诚建立亲密。只有忠诚的人，周围的人才会接近你。企业在招聘员工的时候，绝对不会去招聘一个不忠诚的人；客户购买商品或服务的时候，绝对不会把钱交给一个不忠诚的人；与人共事的时候，也没有人愿意跟一个不忠诚的人合作。

3. 良好的人际关系

良好的人际关系会成为你这一生中最珍贵的资产，在必要的时候，会对你产生巨大的帮助，就像银行存款一样，时不时地少量地存，积少成多，有急需时便可派上用场。难怪美国石油大王洛克菲勒说："我愿意付出比天底下得到其他本领更大的代价来获取与人相处的本领。"

4. 团队精神

在知识经济时代，单打独斗的时代已经过去，竞争已不再是单独的个体之间的斗争，而是团队与团队的竞争、组织与组织的竞争，许许多多困难的克服和挫折的平复，都不能仅凭一个人的勇敢和力量，而必须依靠整个团队。作为一个独立的员工，必须与公司制定的长期计划保持步调一致。员工需要关注其终身的努力方向，如提高自身及同事的能力，这就是团队精神的具体表现。

5. 自动自发地工作

充分了解工作的意义和目的，了解公司战略意图和上司的想法，了解作为一个组织成员应有的精神和态度，了解自己的工作与其他同事工作的关系，并时刻注意环境的变化，自动自发地工作，而不是当一个木偶式的员工！

6. 注重细节，追求完美

每个人都要用搞艺术的态度来开展工作，要把自己所做的工作看成一件艺术品，对自己的工作精雕细刻。只有这样，你的工作才是一件优秀的艺术品，也才能经得起人们细心地观赏和品味。注重细节，追求完美，细节体现艺术，也只有细节的表现力最强。

7. 不找任何借口

不管遭遇什么样的环境，都必须学会对自己的一切行为负责！属于自己的事情就应该千方百计地把它做好。只要你还是企业里的一员，就应该不找任何借口，投入自己的忠诚和责任心。将身心彻底地融入企业，尽职尽责，处处为自己所在的企业着想。

8. 具有较强的执行力

具有较强的执行力的人在每一个阶段、每一个环节都力求卓越，切实执行。具有较强的执行力的人就是能把事情做成，并且做到他自己认为最好结果的人。具有较强的执行力的人随时随地都想着企业的顾客，了解了顾客的需求后，并乐于思考如何让产品更贴近并帮助顾客。

9. 找方法提高工作效率

遇到问题就自己想办法去解决，碰到困难就自己想办法去克服，找方法提高工作效率。在企业里，没有任何一件事情能够比一个员工处理和解决问题，更能表现出他的责任感、主动性和独当一面的能力。

10. 为企业提好的建议

为企业提好的建议，能给企业带来巨大的效益，同时也能给自己更多的发展机会。为了做到这一点，你应尽量学习了解公司的业务运作的经济原理，为什么公司业务会这样运作？公司的业务模式是什么？如何才能盈利？同时，你还应该关注整个市场动态，分析总结竞争对手的错误症结，不要让思维固守在以前的地方。

11. 维护企业形象

企业形象不仅靠企业各项硬件设施建设和软件条件开发，更要靠每一位员工从自身做起，塑造良好的自身形象。因为，员工的一言一行直接影响企业的外在形象，员工的综合素质就是企业形象的一种表现形式，员工的形象代表着企业的形象，员工应该随时随地维护企业形象。

12. 与企业共命运

企业的成功不仅仅意味着这是老板的成功，更意味着每个员工的成功。只有企业发展壮大了，你才能够有更大的发展。企业和你的关系就是"一荣俱荣，一损俱损"，不管最开始是你选择了这家企业，还是这家企业选择了你，你既然成为了这家企业的员工，就应该时时刻刻竭尽全力为企业做贡献，与企业共命运。企业就是你的家，要是家庭不幸，你也会遭遇不幸。

三、职业资格与职业生涯发展

1. 就业准入与职业资格

就业准入是根据《劳动法》和《职业教育法》的有关规定，对从事技术复杂，通用性广，涉及国家财产、人民生命安全和消费者利益的职业（或工种）的劳动者，必须经过培训并取得职业资格证书后，方可就业上岗。实行职业准入的职业范围由劳动和社会保障部确定并向社会公布。

2000年3月16日，劳动和社会保障部以部令第6号形式发布了《招用技术工种从业人员规定》，对90个工种实行就业准入。这标志着我国就业准入制度形成职业资格是对从事某一职业所必备的学识、技术和能力的基本要求，包括从事某种职业所需要的生理和心理素质、思想品质、职业道德、职业知识、职业技能、实践经验等，是劳动就业制度的一项重要内容。职业资格包括从业资格和执业资格。从业资格是指从事某一专业（职业）学识、技术和能力的起点标准。执业资格是指政府对某些责任较大、社会通用性强、关系公共利益的专业（职业）实行准入控制，是依法独立开业或从事某一特定专业（职业）学识、技术和能力的必备标准。

2. 职业资格证书

职业资格证书是劳动就业制度的一项重要内容，也是一种特殊形式的国家考试制度。它是指按照国家制度的职业技能标准或任职资格条件，通过政府认定的考核鉴定机构，对劳动者的技能水平或职业资格进行客观公正、科学规范的评价和鉴定，对合格者授予相应的国家职业资格证书。

每个人都应该了解自己的专业以及与本专业对应的职业群有关的职业资格，通晓科技进步对本专业对应职业群及相关职业群的影响，以及这些职业群的演变趋势和发展历程，同时还要了解现行的职业资格标准和职业岗位的现实需要，认识到职业会随着科技的进步而发展，职业资格标准也会随之不断调整的现实。

从事任何一种职业，都需要具备相应的资格。资格是从业者立足于职场的资本。

要具有满足职业需要的职业资格，使自己成为有用之才，就必须悉心培养符合职业资格需求的基本能力。是否具有职业资格需要通过职业资格证书来展现。职业资格证书是劳动者具有从事某一职业所必需的学识和技能的证明，是劳动者求职、任职及开业的资格凭证，是用人单位招聘、录用劳动者的主要依据，也是境外就业、对外劳务合作人员办理技能水平公证的有效证件。持有职业资格认证，可以使自身能力得到充分展示，提升自身的就业竞争力。

3. 职业资格证书的考取

随着我国社会经济的发展，各行各业对高素质人才的需求，除了对求职者水涨船高的学历证书要求外，通过参加职业培训考取职业资格认证也成了求职者关注的焦点。职业资格证书在一定程度上能够提升就业竞争力，成为改变现有职场地位的风向标。

证书种类繁多，专业各有不同，如何选择适合自己的证书呢？英语、会计、计算机、心理咨询、营养配餐、高级育婴、人力资源管理师、导游……随着产业结构的不断细化和发展，企业对资格证书的认可度进一步提高，不少企业在招聘要求上都表明"持有相应职业资格认证证书者优先考虑"。不过，职校学生一定要注意颁证机构的权威性，切勿盲目考证，在考证前要着重注意该证书的"含金量"。一张证书的"含金量"，往往与证书颁发机构的权威性、行业前景与个人价值的结合度以及培训机构的可信度紧密相连。在选择职业种类时千万要谨慎，以防花了大量金钱和时间，最后却得不到好的结果。

我们在考取职业资格证书时要注意以下几点：

首先，资格证书颁发机构一定要有足够的权威性。劳动、人事、司法、教育等相关国家机构颁发的证书涉及从业和执业资格，权威性自不待言；国内部分行业协会颁发的资格证书也在行业内具有相当的权威性。

其次，资格证书涉及的行业目前不景气或行业还未发展起来，就匆匆忙忙拿下证书，会导致要么找不到薪酬符合预期的岗位，要么到时知识已经过时，达不到"镀金"的效果。所以，可以有适度超前的意识，但要做好市场调查。

最后，一定要根据自己的实际情况，选择适合自己的行业。如果个人职业设计与资格证书涉及的行业并不相符，勉强跟风报考，最终也只会让辛苦考取的证书垫箱底。

　　没有人是单纯靠天赋异禀的，从业人员的专业技能和综合能力主要取决于后天学习。通过后天的努力，可以获得成就一生的能力和素质。职校学生在进入职场前，必须努力学习专业知识，准确掌握专业技能，以便将来在工作中发挥功用。这些铺垫和努力，都是取得职业资格的关键。没有人可以生来就有资格，更没有人可以不努力就取得成绩。挥洒汗水，浇灌自己的求职之路，才能让自己的人生大道遍布鲜花。

　　获取知识必须通过学习，只有不断地学习，才能拥有足够的知识去创造更大的财富。而在信息社会里，知识的飞速发展和更新，让学习成为一种伴随我们终生的行为，可以说，我们已经进入一个终身学习的时代。因此，学校体制外的学习已经成为一股巨大的潮流。

　　许多人都清楚地认识到，如果不学习将会被社会无情地淘汰。企业的上班一族成为学习市场上成长最快的人群。所以，不管是在学校还是在社会中，都要严格要求自己，努力追求职业资格的标准，做到人无我有，人有我精。面对日益严峻的就业形势，就业的竞争内涵也发生着很大的变化，职业生涯的发展也要随之变化。越是有挑战，职校学生就越应该斗志昂扬，不能懈怠。取得相应的职业资格，做好职业生涯设计，对自己的职业生涯发展有明确的定位和长远的展望，不但可以避免以后进入职场无所适从，也可以少走弯路，提高职业发展的效率。

聚焦讨论

　　班主任：同学们，我们今天班会的主题是"为了胜任明天，今天如何努力"，请同学们争先发言，时间每人3分钟。

　　学生甲：多证在手，就业无忧。在校期间要学好专业知识，争取多考几个职业资格证书。学生乙：要德、智、体、美全面发展。学生丙：要把职业道德放在首位。学生丁：职业资格证书并不能说明一切。

　　你认同的观点是（　　）。

　　A. 职业资格证书是求职就业的必备条件，它比职业道德更重要

　　B. 职业资格证书是跨入择业大门的通行证，同时我们还要加强职业道德教育

　　C. 职业资格证书是胜任岗位职责的标志

　　D. 职业资格证书是增强职业竞争能力的手段

四、树立正确的成才观

　　什么是成才？怎样才能成才？这两个问题在大多数青年人心中都留下了巨大的问号。儒家传统思想认为，一个人的成功道路是诚意、正心、修身、齐家、治国、

平天下。然而，社会发展到今天，成才观已经发生了很大的变化。一些只求成才却走向反面的例子不能不令我们深思。那么到底什么才是正确的成才观呢？

青年学生，特别是职校学生，要想树立正确的成才观，就必须明确当今社会对人才的需求是多样化的，同样，成才的道路也是多种多样的。经济建设和社会发展需要多层次的人才。我国在 21 世纪既需要发展知识密集型产业，又需要发展各种劳动密集型产业。如今，一张文凭终身受用的时代已经过去，现代社会用人已不只看文凭、学历，而更看重素质、能力和业绩。拥有 1000 多项专利的著名发明家爱迪生没有上过大学；创立了伟大的相对论的爱因斯坦只上过一个工业专科学校。无数事实充分说明，人的成长最终要在社会的实践和自身的努力中实现。一个人不论是否有文凭，也不论在什么岗位，只要有报国之心、学习之志。只要拥有锲而不舍的创新精神，就一定能够成为对祖国、对人民有用的人才。

初中生在毕业以后是选择普通高中还是选择职业学校，表面上看来是个人志愿，其实是综合了个人条件和客观因素的结果。每个人都有其优势与劣势，有的擅长逻辑思维而拙于动手操作，有的擅长动手操作而拙于逻辑思维。总之，要发现和选择自己最有发展前途、最有发展可能的方向。在职业学校中，我们经常会遇到这样的情况，一些学生原来在普通中学里貌不惊人、才不出众，一旦到了职业学校，却成了出类拔萃的学生。这是因为他们到了适合自己个性发展的学校，潜能得到了充分发挥，原先由于分数竞争失利而造成的压抑心理有了改变，自我发现欲、竞争心理、社会交流意识、劳动观念、服务意向、自尊自信等心理因素又被发掘出来，因而取得了优异成绩。

人的追求各不相同，对成功的定义自然不尽相同。有的人把升官发财当作毕生追求的目标；有的人把学术研究当作人生的乐趣；有的人把开跑车、住洋房看作成功的表现；有的人把恬静的乡野生活当作人生的梦想。谁都不能鄙视别人的追求，每个人都有自己内心的美好。成功是一种内心美好的感觉，是自身的满足，与此同时，为社会创造价值，为他人带去福祉，也是自身价值的进一步扩展。不管以何种方式，不管身在何处，只要你没有虚度光阴、碌碌无为，没有自怨自艾、悲观难过，只要你怀着对生活的无限向往和对事业的无限热情，只要你愿意相信自己、相信生活，那么你就可以找到通往成功的职业生涯之路。

广大青年学生要满腔热情地投入到建设伟大祖国的事业中去，在现代化建设的实践中刻苦学习，经受磨炼，立志成才。只有这样，才能在改革开放和发展市场经济的复杂环境里，把握正确方向，奋发向上，健康成长，为祖国、为人民贡献自己的青春和才智。任何岗位都能成就一番事业，成才之路就在每个人的脚下。只要立足岗位、锐意进取、不断学习、不断创新，每个人都可以成就自己的成才之路。

实践之窗

【上网搜索】

到网上查找以下信息：

（1）你所学专业对应职业群中的职业，有哪些已有了国家颁布的职业资格标准？

（2）这些职业资格标准的分级情况怎样？

（3）在这些职业资格标准中，理论知识和操作技能要求的范围和特点是什么？

【社会调查】

做一次社会调查，了解你所学专业目前在社会中属于热门专业还是冷门专业，并设定一下你将来的从业方向。

【名人专访】

采访当地的一些名人，看看他们的成才观是什么。

【情景设计】

假设你现在已经毕业，下面是招聘单位让你填写的所获职业资格证书表格，你打算怎么填写？

第二节　职业生涯发展的条件分析

案例故事

兴趣是最好的老师

随着人民生活的日益增长，汽车已进入千家万户，小文的父母认为学汽车修理将来不愁找不到工作，还会大有前途。外向型的小文，不仅有很强的独立性，还善于与人沟通交流，拗不过父母，学了汽修运用与维修专业。虽然他很努力地学习各门课程，但始终提不起兴趣。当他得知学修汽车的人如果学会推销往往能取得更好的效果时，他决定今后向汽车营销方面发展。他把所学的专业知识与销售汽车联系起来，并选学了营销方面的课程。毕业后，小文如愿以偿地找到了一份汽车营销工作，个人优势得到了充分发挥，最终成为了公司的业务骨干。

 **案例分析**

兴趣是一种强大的精神力量，它可以让人不知疲倦地获取知识，兴趣是获得成功的重要推动力，它将最大限度地调动我们的潜能，创造性地开展工作；兴趣能使我们长期专注于某一方向，并为此做出艰苦的努力，最终取得令人瞩目的成绩。

一、兴趣分析与培养

兴趣是影响人们工作满意度、职业稳定性和职业成就感的重要因素，也是职业生涯设计中进行自我探索的一个重要方面。一个人对某一职业产生了浓厚的兴趣，就会追求、关注、热爱这个职业，并且为之奋力拼搏。人们的潜能可以由于兴趣的产生而被挖掘，职业活动中的创新精神也会由此被激发。对某一职业的兴趣还可以使人们尽快适应工作环境，提高工作效率。据调查，有80%以上的人，如果对工作比较感兴趣，就算是长时间干这个工作，也不会感到疲倦；如果对工作不感兴趣，很快感到疲倦。所以，兴趣是人们职业发展的精神食粮，是推进事业发展的动力。

兴趣是最好的老师。兴趣不但影响人们的职业定向和职业选择，而且能有效地挖掘从业者的潜能并提高其工作效率。因此，职业对从业者的兴趣有很高的要求。只要条件许可，求职者在选择职业的过程中往往会考虑自己对即将从事的职业是否感兴趣。一个人对某种工作的认识一般从兴趣开始，逐渐产生乐趣，并不断与奋斗目标相结合。这样一来，兴趣发展成了志趣，方向性和意志性的特点继而被表现出来。

1. 兴趣与职业选择

假如有两份工作摆在你面前：一份工资待遇高，但是与自己的兴趣不吻合；另一份工资待遇低，却是自己喜欢的。你会如何选择呢？

大多数人会选择自己喜欢的工作，之所以如此，是因为它不过是一个假设。现代社会价值观不断教导人们要自由选择，要选择对人生有价值的东西。但在现实生活当中，我们心里的天秤就可能会倾斜，尤其当收入水平高低的差距超出了我们心理承受的范围时，大多数人就会失衡。

问题是否可以这样来考虑，先接受那份待遇高而自己不感兴趣的工作，积累到一定的财富后，再去追求自己的兴趣爱好也不迟啊！这才是大多数的人的想法。

但是根据哈佛商学院研究报告——兴趣与职业的关系，你会如何选择呢？兴趣对职业选择的重要性可能是你始料不及的。

兴趣是指个体力求认识，掌握某种事物，并经常参与该种活动的心理倾向，或者说兴趣是一个人积极探究某种事物的心理倾向。在生活中可以发现，如果一个人对某些活动有强烈的喜好，就会乐此不疲。职业兴趣是指人们对某类专业或工作所抱有的积极态度，不同的人对同一职业可能抱积极的态度，或者消极的态度，或者无所谓的态度。职业兴趣对职业选择有以下三方面的影响。

（1）职业兴趣是职业选择的重要依据

人们总是希望选择自己喜欢的职业，这是职业的兴趣使然。职业心理学家曾指出，一个人在一生中会选择什么样的职业，兴趣占主导地位，有时候甚至比能力更重要。

（2）职业兴趣增强职业适宜度

职业适宜度高，表明个人的知识技能和态度能对工作及其环境所产生的种种刺激做出协调反映，又表明职业性质、类型与个人价值目标等相融合，能引起个体心理上的满足。德国最伟大的作家歌德说："如果工作是一种乐趣，人生就是天堂。"一个人对某种职业感兴趣，就会对该职业活动表现出肯定的态度，能全神贯注，积极热情投入工作，从而表现出较高的职业适宜度。

（3）职业兴趣是职场成功的动力

一个人对某种职业感兴趣，就会在工作中积极主动，富有创造性，容易获得成就感；一个人对自己的工作毫无兴趣，对工作缺乏热情，即使聪明能干，也难以在职业生涯中有所作为。但是要注意的是，兴趣并非成功的充分条件。兴趣、特长、成功之间的关系好比摩托艇的马达与驾驶员之间的关系。马达相当于特长或能力，它决定小艇的速度。驾驶员则相当于兴趣，他决定小艇的方向。小艇前进的距离便是成就，成就由马达、驾驶员与其他外部环境因素的综合作用决定。

案例故事

选择自己喜欢的职业

小张近期参加了华为的招聘会，顺利通过了笔试、面试，他原本打算应聘软件技术类岗位，但此次不招聘该岗位。小张进入的是华为销售和售后服务岗位，负责华为产品对三大运营商的销售和品牌文化推广。岗位的要求是性格开朗外向，责任心强、对销售有激情、心理素质好。小张的性格并不开朗外向，他喜欢一个人钻研技术类的东西。尽管如此，小张成功通过了面试，虽然对岗位不是非常满意，但能进华为这样的企业小张还是非常高兴的。

与此同时，小张还参加了中国移动的招聘会，幸运的是，移动很欣赏小张酷爱钻研技术的精神，恰好移动公司的产品线上需要一名技术人员，但这个岗位需要到二三线城市去发展。

小张面临选择：去华为，做销售和售后服务，虽然自己不感兴趣，但待遇不用发愁；去移动，岗位是在二三线城市，待遇没有华为公司好，但可以做自己喜欢的软件技术工作。经过反复考虑之后，小张决定去移动。毕竟做自己喜欢的事，能发挥自己的长处，未来发展空间会更大，事业容易取得成功。

案例分析

虽然华为待遇很诱人，但做的不是自己热爱的职业。选择自己喜欢的职业，不仅能提高就业成功率，还能为今后的发展打好基础。找准并从事适合自己的职业，是非常重要的。

2. 职业兴趣的分析与培养

在这样的生涯规划中，我们更多地关注职业兴趣，尽管很难为所有的兴趣划出一个明确的界限。而对职业兴趣类型的研究影响比较大、且有配套的兴趣量表的，当属美国心理学家、职业指导专家约翰·霍兰德的相关理论。

霍兰德的职业兴趣理论主要从兴趣的角度出发来探索职业指导的问题，认为人的人格类型、兴趣与职业密切相关，某一类型的职业通常会吸引具有相同人格特质的人，而具有相同人格特质的人对许多生活事件的反应模式也是相似的。在这种理论的基础上，霍兰德对职业环境类型按与人格类型相同的模式进行研究和分析，对职业环境类型采用了与人格类型相同的名称。

霍兰德认为：一种职业环境就是一种职业氛围，而这种职业氛围又是具有相同类似人格特质的人所创造出来的特定环境，它具有特定的价值观念、态度倾向和行为模式。这6种类型在不同的职业和环境中都或多或少地存在着，只是其中两三种会占据主导地位。如果人格类型与职业环境适配，就有可能取得令人满意的结果，如增加职业满意度、带来职业成就感和提高职业稳定性等。

在六边形模型上，任何两种职业类型之间的距离越近，其职业环境及人格特质的相似的程度越高。例如，管理型和研究型在模型上正好处于相对的位置，这就意味着它们的相似性最低；管理型和现实型则具有中等程度的相似性。

六边形模型可以帮助我们对人格特质类型与职业环境类型之间的适配性进行评

估。例如，一个社会型人格特质占主导地位的人在一个社会型职业环境中工作会感到更舒畅，但是如果让他去一个现实型的工作环境中工作，他可能就会感到不舒服、不满意，因为社会型和现实型具有不同的特质。但在现实的生活中，没有一个人会恰好完全符合其中某一种类型，而往往是 6 种类型的组合，不过这 6 种类型起主导地位的顺序会呈现主次的变化。出于实际运用的考虑，霍兰德的 6 种类型的层次被缩减 3 种最强或者得分最高的类型组合。例如，一个现实型—研究型—管理型组合（字母代码为 RIE）的人，可能会跟现实型人格特质具有最大的相似性，其次是研究型，再次是管理型。

根据霍兰德职业兴趣分类方法，将职业兴趣划分为 6 种类型：常规型、艺术型、实践型、研究型、社会型、管理型。

（1）常规型。尊重权威和规章制度，喜欢有秩序的、稳定的生活。关于按照计划和指导做事，按部就班，细心有条理。不习惯自己对事情作判断和决策，较少发挥想象力。没有强烈的野心，不喜欢冒险。

（2）艺术型。热爱艺术，富于想象力，拥有很强的艺术创造力。乐于创造新颖、与众不同的成果，渴望表现个性，展现自己。做事理想化，追求完美。善于用艺术形式来表现自己和表现社会。进行艺术创作或创新，不喜欢受约束和限制。

（3）实践型。喜欢使用工具或机械从事操作等动手性质的工作，动手能力强，通常喜欢亲自体验或实践理论和方法甚至与其他人讨论，一般不具有出众的交际能力；喜欢从事户外工作。

（4）社会型。乐于助人和与人打交道，乐于处理人际关系。喜欢从事对他人进行传授、培训、帮助等方面的服务工作。愿意发挥自己的感染力和说服力引导别人。通常他们有社会责任心，热情，善于合作，善良，耐心，重视社会义务和社会道德。

（5）研究型。喜欢理论研究，潜心于专业领域的创新和应用。喜欢探索未知领域，擅长使用逻辑分析和推理解决难题。不喜欢官僚式的管理行为过多地影响研究工作。

（6）管理型。对其所能支配的资源能够进行有效地计划、组织、领导和控制。喜欢影响别人，敢于挑战，自信，有胆略，有抱负，沟通能力出色，擅长说服他人，追求声望、经济成就和社会地位。

一个人的兴趣和职业兴趣都需要一个循序渐进的发展与逐步养成的过程。兴趣的发展一般分为有趣、乐趣、志趣三阶段。对于职业活动，往往从有趣的选择逐渐产生工作兴趣，进而与奋斗目标和工作志向相结合，发展成为志趣，表现出方向性和意志性的特点，使人坚定地追求某种职业，并为之尽心尽力。每个人都会有自己的职业兴趣倾向，根据个人和职业的兴趣比较，我们就可以找到最适合自己的职业。

再说职业兴趣是以一定的素质为前提，在生涯实践过程中逐渐发生、发展而培养起来的。它的形成与个人的个性、自身能力、实践活动、客观环境和所处的历史条件有着密切的关系，因此，职业规划对兴趣的探讨不能孤立地进行，应当结合个人的、家庭的、社会的因素来考虑。

所以当你看准了一个发展空间时，就一定要制定出自己的纵深发展计划，并从底层奋勇地做上去，直至雁破长空。当你准备起跑时，不要因为地位卑微而自弃，要用心拓展自己的兴趣、见闻和知识结构，提高自己的分析整合能力和逻辑思维能力；要尽可能多地接触不同的行业，接触面越广越有可能发掘许多潜在的机会，或许那些希望的种子就隐藏在未被人发现的机会里面；要善于借助他人的力量，建立良好的人际关系，为将来发展时得到别人的帮助打下基础；要向资深同事学习，追求更高的工作效率。对于新手而言，完全凭自己摸索很不容易，但一味地模仿他人的做法，终究也无法取得真正的进展；要做一个有心人，经常思考自己的前途，规划每个阶段的发展，不要因为短暂的挫折而放弃追求。千万要记住：当一个人开始有所计划的时候，永远都不晚！

阅读感悟

马云的成功

马云：找到一个自己感兴趣的方向，坚持做下去，这就是成功的秘密。

"我年轻的时候，左看右看都不像是能成功的人，"马云这样说，"我的爸爸妈妈、老师都不觉得我将来会成功"。马云年轻时的种种迹象也确实印证着父母、老师的评判。读书成绩一般，上的大学也不是名校，就连找工作也是连连碰壁。当年，包括马云在内的24名同学一起到肯德基应聘，23个人都被录用，只有马云被拒之门外。

1994年年底，已经30岁的马云邀请了20多个朋友到家里做客，他向大家宣布：自己要放弃英语老师的工作，要创业，要在互联网领域闯出一番天地。朋友中只有一个人赞同，其余的人都反对："你懂互联网技术吗？""你有资金吗？""你有经验吗？"……父母更是坚决反对，反对的理由让今天的马云忍不住大笑。父母说："看你的样子就不是发财的样子，能发财的人耳朵都大，你耳朵那么小。"

父母、朋友的反对，马云并不意外，他觉得他们说得也没有错，自己确实不懂技术，也没什么钱，模样也不像能发财的样子。他自己也说不清为什么要创业，只是觉得不去做就很难受。

出乎所有人意料，马云成功了，2014年9月19日，阿里巴巴正式在纽交所挂牌交易，当天收盘，阿里巴巴市值达 231439 亿美元，成为仅次于谷歌的全球第二大互联网公司。

"有人说我想得远、跑得快，实际上我跟大家一样，只是因为抓住了一个关键问题。"马云说。马云说的这个关键问题是指自己的兴趣与爱好，并根据自己的兴趣进行一系列其他的发展与探索，抓住了互联网技术开启的新时代机遇。

马云说，他最近在欧洲 9 个国家考察后发现了一个有意思的现象，中国人眼中富足的欧洲，它们的年轻人却有着种种迷茫，不知道自己的兴趣爱好是什么，找不到想要的。马云发现，这种迷茫，中国的年轻人有，美国的年轻人也有。

在马云看来，找到一个自己感兴趣的方向，坚持做下去，就是成功的秘诀。"创业要选择自己喜欢的方向，找到一批志同道合的人，从最容易的地方做起。"马云说。

(资料来源：《中国青年报》)

案例分析

马云的成功，是找到了自己感兴趣的事，坚持不懈地做下去。"兴趣是最好的老师"，兴趣可以影响人们的职业定向和职业选择，能更有效地挖掘从业者的潜能并提高其工作效率。

二、性格分析与调查

"天生我材必有用"，我们在任何岗位都希望能最大限度地发挥自己的特长和优势，避开自己的缺点和短处，即所谓扬长避短。做到扬长避短的首要前提是要能够正确认识自己，把握自己。

中国传统文化中就有"自知之明"的告诫，《老子》中说："知人者智，自知者明，胜人者有力，自胜者强。"看起来，自知并不是那么容易。我们从小到大的教育都是在观察别人、学习别人，而很少学习怎么反省自己、评估自己。人是一种复杂的高级动物，每天都会受到各种各样的情况和环境的影响，也会因人而异地产生不同的情绪和反应，不同的人面临相同的情况也可能做出不同的决断。

职校毕业生在毕业走向社会之前，应当在教师的指导下进行一次科学的自我评估，了解自己的个性特征，处事是急躁还是冷静，是果断还是犹豫不决，遇到问题和困难是依赖他人还是自己想办法。此外，每位毕业生不仅要了解自己的能力和性格趋向，还要准备把握自己的兴趣点。

根据自己的性格特点选择最容易适应的职业——扬长避短

小杨学校毕业后做了半年的小学教师，但他一直感觉教师这一职业并不适合自己。为了能争取做自己喜欢的工作，他果断地做出决定，在学期结束之际来到某公司应聘人力资源部的管理人员。人力资源部的经理负责招聘面谈工作。一见面，小杨就感觉到这是一位很有经验的招聘人员。虽然自己没有太多的优势，但小杨决定放松心态，勇敢面对。

经理先打量了他一下，接着问道："你不认为你做这项工作太年轻了吗？"

小杨回答："事实上，下个月我就23周岁了。尽管我没有相关工作的经历，但我在上学期间有2年学校学生会的工作经验，2003年初，我被推选为该年度的学生会主席，之后又连任一年。管理100多名学生并非易事，要有一定的领导和组织管理能力。我认为，年龄固然能说明一定的问题，但个人素质和能力更为重要，因为，这是一个管理人员不可或缺的。"

"你喜欢出差吗？"经理又问了第二个问题。

小杨的目光始终平视着考官，他直率地回答："坦率地说，我并不喜欢。经常从一地到另一地出差并不是一件惬意的事。但是我知道，要想成为一名优秀的管理人员，就一定要从最基层的工作做起。而出差是商业活动的一个重要组成部分。所以说，我不会在意出差的艰辛，相反我会以此为荣。我非常喜欢这份工作，我觉得自己更看重的是这一点。"

"如果我们录用你，你会干多久呢？"这是经理问他的第三个问题。

小杨想了想，回答道："没人愿意把一生中最宝贵的时光花费在不停地寻找工作当中；也不会有人愿意轻易放弃自己所喜爱的工作。就拿这份工作来说，如果它能使我学以致用，更好地发挥我的潜能，而我也能从中学到更多的知识与技能，并且能得到相应的回报，那么我没有理由不专心致志地对待我所热爱的工作。"在小杨回答问题时，经理一直专注地看着他。显然，他很欣赏小王的坦诚与机敏。

面试后的第三天，小杨收到了录用通知书。

案例分析

这是一种典型的扬长避短式的回答。回答者极力宣扬个人的长处，并把自己的长处同他所应聘的工作有机地结合起来，意在变不利为有利。小杨所表现出来的机敏、坦诚与个性是招聘者最为欣赏的。

1. 性格的定义

诸如正直、诚恳、热忱、谦虚、懒惰、粗心、傲慢等。性格作为稳定的态度和习惯化了的行为方式，是指一个人在各种场合一贯表现出来的某种特征。例如，一个人对待工作总是赤胆忠心，一丝不苟，踏实认真；在待人处世中总是表现热情忠厚、与人为善，坚毅果断，豪爽活泼；在对待自己的态度上总是表现谦虚、自信等，这种对人对己稳定的态度和习惯化的行为方式所表现出来的心理特征就是这个人的性格。

职业性格，一般都是指个体的性格对职业的适应性。心理学认为，人的性格与职业适应性有着密切的关系。如果一个人的性格与所从事的职业很符合，就可能在事业上获得成功；反之，则会使从业者的心理健康受到损害，甚至会妨碍事业的成功。人的性格通过教育也是可以改变的，在学习工作的同时，如果也能注意塑造自己良好的性格，将有助于人的健康发展。我们只有清晰地考虑自己的职业性格特征，才能为自己的职业生涯做好准备。

人的性格类型与职业之间具有一定的相关性：一方面是不同的性格类型适应不同的职业要求；另一方面是从事某种特定职业的人员，会按照职业的要求不断巩固或调整原有的性格特征，甚至影响职业原有的一些特点。但是，性格和职业之间并不存在严格的对应关系，任何对性格与职业关系的固定、静止、片面的看法都是失之偏颇的。不同性格类型的人在同一职业领域中能够有各具特色的表现，同一性格类型的人在不同的职业领域中也会有各显魅力的展示。

2. 认识自我与自我调适

认识自我是一个复杂、渐进、终身的过程，这也决定了我们必须要从多个方面采用多种方法对自我认识进行分析和了解。职业自我概念包括了个体对自我各个方面的认识，包括个体的特征，外显特征如年龄、性别、体貌特征等，也包括个体心理特性，如性格、兴趣、价值观等。

（1）生理自我

生理自我就是对个人的生理属性的意识，包括对自己的身体特征和生理状况的认识和体验。生理自我使一个人把自我和非我区别开来，意识到自己的生存是寄托在自己的躯体上的。生理自我是自我中最基本的内容，是其他自我内容的基础，它也是在自我形成过程中最早形成的内容。例如，我是个高个子，我是长头发的女孩等。

（2）心理自我

心理自我是个体对自己的心理活动、个性特点、心理品质的认识、体验和愿望，包括对自己的感知、记忆、思维、智力、体力、能力、性格、兴趣的认识和体验。意识到自己的观察力强不强,记忆力好不好,自己的思维是敏捷还是迟钝,自己的情绪是容易激动还是比较稳定,自己的性格是内向还是外向,自己对什么事情感兴趣,自己的信念理想是什么,自己的能力优势等。它使人认识到自己的心理特征和心理倾向。心理自我是职业自我的核心内容,也是自我探索的重点领域,它对一个人的职业选择和职业发展都起着至关重要的作用。

（3）社会自我

社会自我是指个人对自己的社会属性的意识,是对自己在社会和集体中的地位,他人对自我的期望的认识,包括个人对自己在各种社会关系中的角色、地位、权利、义务等的意识。例如,一位教师,在学校,要意识到自己是一位教师,要教书育人,有教师的责任与义务;在家里,他可能是丈夫和父亲,他要意识到做丈夫和父亲的责任与义务。

认识自我是对自我进行全面的分析,认识自己和了解自己的特点,以便准备给自己定位。自我认知与定位是职校生进行职业生涯设计的前提和基础;自我认知,帮助那些面临职业选择的职校生一步步逼近最真实的自我,并由此规划人生,确定自己想要的职业和生活。帮助职校学生正确认识和评价自我,是进行自我调适的基础。因为只有正确认识和评价自我,才能找到自我调适的立足点。

自我评价是建立在自我观察和自我分析基础上的对自我身心素质的全面评价。自我评价主要包括自省、听取他人评价、接受他人或自我进行心理测试等。主要分别从"我"与他人的关系、"我"与同事的关系和"我"与自己的关系中认识自我和评价自我。

案例

工作中要学会展示自己的能力

工作中,应该通过交流,把自己的能力和追求呈现给上司,让他们认识到你的工作及你的重要性。小周是财会专业的学生,她在学校时不但无所不通,口才与文采也是无人可与之比肩的。毕业后,她进入了一家小有名气的公司工作。该公司每周都要召开一次例会,这个公司人才济济。每次讨论公司计划开会很多人都争先恐后地表达自己的观点和想法,只有她总是悄无声息地坐在那里一言不发。

她原本有很多好的想法和创意,但是她顾虑太多:有时担心自己刚到这里便"妄开言论",会被人认为是张扬;有时怕自己的思路不合主管的想法,被人视作幼稚。就这样,在沉默中她度过了一次又一次激烈的争辩会。有一天,她要扭转这种局面,突然发现，没有人愿意听她的声音了，她终于因自己的过分沉默而失去了这份工作。

 **案例分析**

　　每一种工作都对从业者的性格提出了特定的要求。只有使性格与职业相匹配，才能最大限度地体现个人的人生价值。没有好的与职业要求相适应的性格，一般是很难适应工作的需求的，还有可能给自身带来许多烦恼。

三、能力分析与提高

　　不同的职业对从业者的能力要求不尽相同。为了保证职业活动顺利完成，各行各业都要求从业者必须具备特定的职业能力，以满足该职业活动的需要。在职业活动中，个人能力是否与职业要求相匹配直接影响着职业生涯的成功与否。

　　人的能力是存在差异的。有人善于思考；有人善于动手操作；有人善于决策、应变，具备很好的管理能力；有人则善于表达、沟通，有很好的社交能力。为了给学生构建通向就业的桥梁，职业院校面向专业开设了不同的专业课程。这些课程的安排，对应职业群对从业者的能力要求，具有很强的针对性。

　　1. 能力与职业能力

　　能力是职业选择与发展中最为现实的方面，从价值观、性格和兴趣角度，我们寻找的都是理想中的职业，而能力使得理想落到实处，我们所言的能力，是指劳动者从事社会生产活动的能力，亦即职业工作能力。

　　通常把能力分为一般能力和特殊能力。一般能力又称为智力，包括注意力、观察力、记忆力、想象力、创造力等，一般能力是人们顺利完成各项任务都必须具备的一些基本能力。特殊能力是指从事各项专业活动的能力，也可以称为特长，如计算能力、音乐能力、动作协调能力、语言表达能力、空间判断能力等。

　　不管从事什么活动都必须具备一定的能力，能力是影响活动效果的最直接的因素。同样，要使职业生涯得以顺利进行，也必须具备相应的能力，能力总是和所从事的活动联系在一起，能力的大小表现在活动中。

　　在职业活动中表现出来的能力即职业能力，职业能力是人从事某些职业所具备的能力，职业能力的高低将直接影响成就的大小、事业的成败。职业能力既与特殊能力有关，又与一般能力密不可分，可对应称之为特殊职业能力和一般职业能力。比如，从事建筑规划的设计师，要具备绘画等特殊能力，这是由他们的职业性质决定的，除了这些必要的特殊职业能力，他们还要具备必需的观察能力、记忆能力、想象能力以及一定的分析思维能力等一般职业能力。在职业活动中，注重发展自己的特殊能力的同时，也应注重一般能力的发展，这样才能提高职业活动的效率。

加德纳认为："智力是在某种社会或文化环境的价值标准下，个体用以解决自己遇到的真正的难题或生产及创造出有效的产品所需要的能力。"并认为智力是多元的——是由同样的多种能力而不是一两种核心能力所构成的，而且各种能力不是以整合的形式存在，而是以相对独立的形式表现出来。加德纳的研究表明，人类至少有 7 种不同的智能，分别是言语—语言智力、逻辑—数理智力、视觉—空间智力、音乐—节奏智力、身体—动觉智力、交往—交流智力、自知—自省智力。上述 7 种智力在个人的智力结构中都占着重要的位置，处于同等重要的地位。每个人都同时拥有这 7 种智力，而这 7 种智力在每个人身上以不同方式，不同程度的组合使得每个人的智力各具特点。智力是以能否解决实际生活中的问题和创造出社会所需要的有效产品的能力为核心的，也是以此作为衡量智力高低的标准的。因此，智力是个体解决实际问题的能力和生产出或创造出具有社会价值的有效产品的能力。

2. 职业能力检验

（1）GATB 多重职业能力倾向检验

一般能力倾向成套检验（简称 GATB），是一种可以同时检验许多职业群体各自的不适应者的成套检验。该检验由美国联邦劳工部自 1934 年起，用了十多年时间进行设计完善。

目前使用的 GATB 由 8 个纸笔测验和 4 个仪器测验，共 12 个分测验组成，可确定 9 种能力倾向，即：一般学校能力（G）、语言能力（V）、数理能力（N）、空间能力（S）、形状知觉（P）、书写知觉（Q）、运动协调（K）、手指灵活度（F）和手部敏感性（M）。GATB 测验适用于成年人职业指导和中学生就业咨询，是职业指导和安置中最成功的一套测验，它为探索个人职业适应范围，进而为选择所希望的职业提供一份参考资料。

（2）行政职业能力测试

我国现在常采用的行政职业能力测试，是我国录用政府机关工作人员的多重能力倾向检验，是为了适合我国公务员制度建立的需要，由人力资源和社会保障部考试中心委托有关专家编制的一个职业能力测验，迄今为止，已经应用于公务员、事业单位等人事招考。其内容包括语言理解、知觉速度与准确性、判断推理、数量关系、资料分析五个部分，共 180 题，测试时间为 90 分钟。考试内容、题目数量和时限如下表：

部分	测试内容		题量	参考时间（分钟）
一	知觉速度与准确性		60	10
二	判断推理	事件排序	10	45
		常识判断	10	
		图形推理	10	
		数字推理	10	
		演绎推理	10	
三	语言理解	词语替换	10	15
		选词填空	10	
		阅读理解	10	
四	资料分析		10	10
五	数量关系		10	10
合计			160	90

（3）能力的自我诊断

根据以下问题，对个人的能力进行自我诊断。

①世界上怪人多的是，一概不予理会。

②别人交谈的时候忍不住想插言。

③总是主动向人问好。

④遭人指责时，首先想到的是"讨厌"。

⑤难于确切表达自己的意思，容忍遭人误解。

⑥对于他人不可思议的举动能够理解。

⑦不愿与自己不合的人交往。

⑧在家里说话常常得不到父母重视。

⑨好奇心强，兴趣广泛。

⑩遇到困难便一筹莫展。

⑪在与同性交往中应付自如，而对异性的想法则茫然无知。

⑫走投无路也决不绝望。

⑬看到有不良嗜好的人就想加以制止。

⑭不知道别人在想什么。

⑮在听别人说话时，常受到启发，不由地点头称是。

⑯听天由命胜于一切。

⑰以为有了好条件便能学习好。

⑱如因某种原因只剩下孤身一人，仍会充满信心地生活下去。

⑲自认命运多舛，反抗是无用的。

⑳不论跟谁交谈都没有用，干脆闭口不言。

㉑善解应用题，长于智力游戏。

㉒听别人自我吹嘘，会觉得很无聊。

㉓对方动气，自己也会恼火。

㉔决定要干的事情，不获成功，决不罢休。

㉕父母为子女操劳是天经地义的事，不必感恩。

㉖对于失败难以忘怀。

㉗十分清楚父母对自己寄予的期望是什么。

㉘因为没有自信，而听不进别人的话。

㉙对牛弹琴，不如不费口舌。

㉚对别人的服装、发型总是很留意。

㉛有时候觉得活着没有意思。

㉜生气时便会揭人之短。

㉝对自己周围环境的变化很敏感。

㉞总觉得时间不够用。

㉟不管别人说什么，依然我行我素。

㊱在看电影和电视时，常感动得流下泪来。

㊲渴望躲入荒无人烟的地方去。

㊳心安理得地让父母和教师代办一切。

㊴本想说什么的，但考虑到对方的情绪，欲言又止。

㊵对哪些貌似幸福的人十分羡慕。

㊶每天都似乎是在别人的操纵下生活。

㊷再忙也不会乱了阵脚。

㊸自己的人生属于自己，不容他人指手画脚。

㊹对家里人的想法漠不关心。

㊺人的言行都有目的的，不能简单地只做表面理解。

㊻不同代的人想法也不一样，因而寻求共同语言只能是徒劳。

㊼对"好"和"坏"如不严加区分，便一事无成。

㊽同一个人，立场不同，自然其所讲的话也就不同。

㊾盲目行动，不计后果。

㊿即使想学习，也集中不起精力。

(51)对于自己关系亲密的人的兴趣和爱好十分熟悉。

(52)把不能充分发挥自己才能的原因归咎于环境。

(53)常常会有不愉快的想法。

(54)独自决定自己毕业后的去向问题。

(55)和朋友相比，似乎总有种吃亏的感觉。

(56)虽很有才能却得不到承认。

(57)必要时，可以结交新朋友。

(58)常常会因话不投机而出现冷场。

(59)想干的事不能干，是因为父母不能理解自己。

(60)人在幸福的时候对谁都充满好意。

根据相关的专家设计好的 60 个问题，逐个审核，认为对的选 A，不对的填 B。计分方法：在③、⑥、⑨、⑫、⑮、⑱、㉑、㉔、㉗、㉚、㉝、㊱、㊴、㊷、㊺、㊽、(51)、(57)各项前填 A，此外各项均填 B，每项前后一致计 1 分，不一致不计分。最高得分 60 分，多多益善，不得分者需要考虑改善日常生活态度。

案例

刘俊想成为 CIO 而非 CTO

卓越网副总裁刘俊说：“我在贝塔斯曼工作时，逐渐明确了自己的发展方向，即要成为 CIO 而非 CTO。”毕业后到浦东区环保局做技术工作的刘俊，本以为可以最大限度发挥自己计算机与环境科学双学士的专长。然而，事与愿违，过了两年无所事事的生活后，他跳槽到了日本东星软件公司，当时的规划就是做一名技术人员。刘俊说，真正的职业规划是从进入贝塔斯曼公司之后。“当时虽然仍是做技术，但我接触到了企业的流程，并对此产生了极大的兴趣。”贝塔斯曼的企业流程是固化在程序里的。很多新员工不知道企业如何运作。而刘俊因为懂技术，可以了解他们的程序，从而得以了解企业的运作。“在学习的过程中，我逐渐明确了自己的方向。技术人员通常有两条路，要么一直朝纯技术方向发展，成为 CTO，要么把技术作为了解企业的一个手段，发挥技术优势，运用在管理上，成为 CIO。我根据自己的兴趣选择了后者，确定大目标后，今后的每步发展及充电都是为了这个大目标而努力。”尽早确定大目标可以少走很多弯路。

“做技术的人常常考虑，今天是 Windows 10，明天是 Windows 11，希望技术越走越深。而懂技术的管理人员，考虑得更多的是如何使企业的效率最大化。如果你的目标是 CTO，那么应该去读软件工程硕士。而我的目标是 CIO，所以去读 MBA。"刘俊因为很清楚自己的大目标，所以在工作中会有意识地向这个方向倾斜。

在贝塔斯曼看程序时，刘俊更多的不是看技术，而是看流程。仔细研究哪些是德国人做得好的，而哪些是在中国不太适用的。刘俊花了一年的时间把贝塔斯曼从澳大利亚引进的整个流程看清楚，之后又到中美合资的太平洋安泰保险公司，去学习不同领域的管理流程。而在安泰公司的 10 个月，刘俊一直在准备考 MBA，一方面倾向于管理，一方面利用技术优势，深厚的技术背景让刘俊在卓越做业务时尝到了甜头。

刘俊说："其实技术能为你节省很多人力成本。在做市场时，我希望看到各种各样的统计，如果不懂技术，那么根本不知道有些数据其实可以统计出来。我在做俱乐部时，主要通过寄会刊达到销售目的。我给谁寄，寄什么样的商品，寄的频率是多少，完全是靠数据分析出来的，绝不是凭感觉拍脑袋拍出来的。如果给卓越会员发电子邮件，那么几乎不需要成本；但如果是寄杂志，那么就有印刷费、邮寄费、信封费，成本非常高；而寄给根本不需要的人，就是在浪费、在烧钱。我一个星期寄一本，很有可能有 3 本是浪费的。这个频率怎么控制？我寄出去后，希望多少人有反馈才是赚钱，甚至做多少页才能收到最好的反馈，都是通过数据计算出来的。我知道怎样分析，怎样提取数据，我至今还是自己提取这些数据，这就是技术带给我的优势。"

案例分析

人无远虑，必有近忧。刘俊在给自己的职业方向定位时，通过合理的自我认知，清晰地认识到了自己在职业方面的优势所在，并根据兴趣选择了一条技术与管理兼顾的职业发展道路，在努力的过程中树立了长远的成长目标，最终取得了事业上的成功。

3. 能力的探索与提升

能力探索是认识自我的一个重要组成部分，界定自己的能力并不是一件容易的事情。由于接受教育的方式、观念的影响以及其他错误的假设，我们总是会低估自己的能力。比如，我们从小被教导应该保持谦虚的态度，不敢放大自己的能力或优势；有的事情我们做起来得心应手，就会觉得不需要什么特殊能力；如果没有运用到某项能力，就认为自己不具备这种能力等。因此，现在列出自己的能力清单，你可能写不出什么。但实际上，你已经从生活经历中获得了数以百计的技能，只是你还不善于总结、归纳，并运用到职业生涯发展中。

（1）通过经历确认你的能力

我们不应该低估自己的经历和相关的能力拓展。尽管有些活动我们可以轻而易举地做好，但这不代表它们不值一提。应该把哪些你曾经树立了目标然后完成了的事，都当作成就，比如成功考入大学，掌握一项体育运动，策划一次同学聚会，计划一次旅行，完成一门课程，设计家居摆设等，哪怕它们微不足道。当认识到自己的能力后，你将超越自我设定的狭隘限制，更清晰地认清自我，从而做好个人职业生涯的开发和管理。

（2）为你的职业能力排序

通过前面的练习，你可能已经了解了自己具有的能力，接下来，还需要为这些能力排序，从最喜欢的开始，排到你最不喜欢的。为职业能力排序时需要注意，这些能力必须符合下列条件：易于投入实践，可以证明自己具有或能够通过培训提升的，能够迁移到工作情境中去的。可以通过简单的思考，使用常识或直觉去对这些能力排序。

对能力进行排序，可以使你知道自己想要什么，什么对自己最重要，以及如何权衡职业因素。当你为自己的职业能力排序时，会更好地判断自己的职业前景。

案例

从最基层的工作做起

小军爸妈都是英语老师，她从小英语就非常好，她经常参加各种英语比赛，也获得了很多奖项。性格开朗的她，有很多好朋友。马上面临毕业了，她开始犯愁了，因为到目前为止，她还没有找到满意的工作，她感受到了就业形势的严峻。

"工作难找，你不要太着急，不行的话就回老家吧，老家竞争压力没那么大。"父母打电话和她说。可小军还是不甘心，但一次一次的打击，让小军的心情跌到了低谷，她决定考虑父母的建议，回老家求职。

这时妈妈打电话来告诉她，县上最大的一个家具厂正在招聘翻译员，小军的条件刚好符合。虽然工资待遇比不上大城市，但发展前景很好，而且竞争压力也没那么大。

小军一听回家乡可以发挥自己的特长，马上从大城市找工作失利的阴影中走出来，重整旗鼓回到家，充分准备后，参加了厂里的招聘考试，在二十几个应聘者当中，小军以出色的口语和笔试能力胜出。其后进入销售科，并负责外贸部门的翻译工作。

 案例分析

随着市场经济的发展，与其在大城市激烈拼杀，不如选择一个中小城市稳定发展，潜心工作，同样可以创造出属于自己的一片天空。

四、就业价值取向分析

我们每个人可能都曾经不止一两次设想过自己将来从事的工作，有的人可能设想自己会从事一份高薪的工作，而有的人可能想只要有份工作可以糊口，满足自己的日常开支即可；有的人会希望工作可以给他带来一切，包括权利、地位、金钱，而有的人只想通过工作来实现自己的人生价值……不同的人对工作的态度、看法也是不一致的。到底是什么使得人们会产生这些不同呢？这就是人的价值观问题。

价值观是一种内心尺度，它支配着人的行为、态度、信念等，支配着人认识世界，明白事物对自己的意义和自我了解、自我定向、自我设计等，同时也为自己的职业行为提供充足的理由。

1. 职业价值观与职业选择

职业价值观是人们在职业生活中表现出来的一种价值取向，是人们选择职业时的一种内心尺度，是人们对待职业的一种信念和态度。职业价值观是人们对社会职业的需求表现出来的评价，是人生价值在职业问题上的反映。

每一个大学生由于其受教育程度不同和所处的环境差异，在职业取向上的目标和要求也是不尽相同的。每一个人都要在一些特定场合中做出选择，而左右选择的往往就是自己的职业价值观。例如，从事科研工作的能满足智力挑战、成就感、独立思考和社会认同感等需求，但不能满足经济利益、人际交往、安逸轻松等需求；成为一名公司白领可以获得经济报酬、社会交往以及成就感，但可能无法实现独立性、安全感等价值观。没有一种职业能完全满足一个人所重视的各种价值观，因而，了解自己各种价值观的权重顺序是非常必要的一件事情。

人们对职业的价值取向，从个人角度来看分为三种：一是维持并提高物质生活的需要，通过从事职业活动取得报酬，满足衣、食、住、行等方面的需求；二是满足精神生活的需要，发展个性，实现人生价值，尤其是在物质生活水平已经大大提高的今天，人们的这种价值取向已经变得愈发突出；三是承担社会责任的需要，也就是通过从事职业活动，履行自己在社会分工中应尽的义务，为祖国和人民多做贡献。

一个饱食终日、无所事事的人，永远感受不到生存的价值。相反，如果一个人能将自己的事业与某一远大目标紧密相连，并能从中发现自己的使命，他就能感受

到生存的价值，他的生活就充实而有意义。但是由于人们思想境界的不同，对这三种需求的重视程度也有所不同。对多数人来讲，这三种需求都是其追求的主要内容，也就是既希望满足个人的物质和精神需要，又希望能够多为社会做贡献。

2. 职业价值观的探索与改善

对职业价值观的探索是职业生涯设计的基础。如果在职业生涯设计中找到自己的价值观，那工作就会变得有意义，有目的，工作就会是一种乐趣而不是一件痛苦的事。如果工作没有使自己得到满足，生活就会变得乏味、单调而令人烦躁。

如果对自己的职业价值观有清楚的认识，在进行职业生涯决策时，会比较顺利。"我要什么"是个人在职业发展中所重视的驱动力以及价值观，是个人职业取向分析的重要内容。美国心理学家洛特克在《人类价值观的本质》一书中，提出了13种价值观：

① 健康：自己因为能从事职业活动而免于焦虑、恐惧和紧张，追求身体的健康和心理的安逸，并且希望能够平心静气地面对一切。

② 安全感：职业稳定，有安全感，能满足基本需求，有很小的可能发生突如其来的职业变动。

③ 使命感和道德感：重视个人从事的职业活动在经济社会发展中的作用，个人职业生涯发展紧密结合经济社会发展目标，希望从对社会使命感和道德感的追求中得到满足。

④ 成就感：重视旁人对自己的评价，追求完成工作的成就感，希望自己的社会地位能够提升并得到社会认同。

⑤ 美感：希望能多方面地欣赏周围的人、事、物，或者其他在自己看来十分重要而且有意义的事物，并有机会使美得以展现。

⑥ 挑战：有机会从传统的方式中解脱出来，能够选择新的方法处理事务，有机会运用自己的聪明才智解决问题。

⑦ 收入与财富：十分重视职业生涯发展过程中收入的不断增长，希望自己所从事的职业使自己的收入能够增加。

⑧ 独立性：工作时间受限制较少，能够灵活掌握自己的行动，有较高的自由度。

⑨ 家庭和人际关系：关心体贴他人和家人，愿意用自己的能力使他人的困难得以解决，重视人际关系的和谐以及自己所从事的职业对家庭的影响。

⑩ 欢乐：结朋交友，享受人生，在职业活动中追求欢乐和幸福。

⑪ 权力：能够让他人的行动受自己支配，并以自己的意志为转移。

⑫ 自我成长：知识和能力能够在职业活动中得到提升，所从事的职业有利于收

人的增加和职务的提升，有利于人生经验的积累。

⑬协助他人：自己的付出有助于所在团体的发展，自己的行为能够使他人受益。

通常来说，绝大多数人的价值取向都是多样的。我们可以针对上述 13 种职业价值观进行分析，来判断自己的综合取向，这样就基本认识了自己的职业价值取向。

案例

价值观的重要性

李明从小到大都是父母和老师心目中的好学生，成绩一直都不错。但进入大学之后，他却沉迷于电脑游戏中而无法自拔，成绩大踏步向后退，身体也变得很差，但他却不以为然。他觉得反正上完大学也是失业，不如现在好好玩玩。毕业后，听到同学们都找到了相应的工作，他慌了。四处奔走，却一无所获。最后，他没找到好的工作，不如就继续打游戏吧，幻想着能成为一个游戏竞技类明星。最后不仅没有成为竞技明星，却成了啃老族。

案例分析

李明因为树立了不正确的价值观，才出现了回家去啃老的结果。他不但害了自己，还成为了一个对社会没有用的人，希望大家能够引以为戒。

九种类型的职业价值观，你属于哪种？

◆独立经营型：不愿受别人的指挥，凭自己的能力拥有自己的工作和生活领地。

◆经济型：认为"钱可通神"，金钱就是一切。认为人与人的关系是金钱关系，工作的目的就是为了挣钱。

◆支配型（独断专行型）：想当组织的领导，无视他人的想法，以能够支配他人为心理满足。

◆自尊型：受尊重的欲望很强，渴望能有社会地位和名誉，希望常常受到众人尊敬。这种人在欲望得不到满足时，由于过于强烈的自我意识，有时反而很自卑。

◆自我实现型：对世俗的观点、利益等并不关心，一心一意想发挥个性，追求真理，不考虑收入、地位及他人的看法，尽力挖掘自己的潜力，施展自己的本领，并视此为有意义的生活。

◆志愿型：富有同情心，把别人的痛苦视为自己的痛苦，在帮助别人的过程中获得个人的心理满足与快乐。他们不愿意干表面上哗众取宠的事。

◆家庭中心型：过着十分平凡但又安定的生活，他们重视家庭，为人踏实，生活态度保守，不敢冒险，对待职业生涯也很慎重。

◆才能型：单纯活泼，重视个人才能的表现与被承认。他们把深受周围人的欢迎看作是乐趣，能以不凡的谈吐、新颖的服装博得众人的好感，并常把气氛搞活跃。

◆自由型：开始工作时没有目的、没有计划，但能调整行为以适应职业环境。他们常被周围的人认为没有责任感，但能承担有限的责任。不麻烦他人，无拘无束，生活随便。

想一想：

你是哪一类型的人，想成为哪一类型的人？

实践活动

价值观拍卖活动

价值观拍卖游戏可以让我们了解自己的主要价值观取向，懂得他人的价值对自己造成的影响，并且懂得为了实现主要的人生价值，进行选择与放弃。

以个人（或小组）为单位，每人（或每小组）拥有 10000 元；喊价前必须举手，等待主持人点名，才可以出声喊价；

正式拍卖之前，你（小组）有 5 分钟时间思考想要购买的顺序及价格；

拍卖等东西如下表，每样东西的底价是 2000 元，每人（或小组）有 10000 元钱。

1. 爱情	2. 帮助他人	3. 友情	4. 健康	5. 声望
6. 亲情	7. 美貌	8. 财富	9. 精湛的技艺	10. 爱心
11. 自由	12. 理想的事业	13. 知识	14. 权力	15. 安全感

拍卖活动结束后，请你回答以下问题：

你最初打算买进的 5 种东西是（并排序）：

你最终买进的东西是：

你的花费为：

拍卖活动结束后你的感受：

从上述的答案，可以大致看出你（小组）的价值观取向，在选择职业时就可以参考。但是要注意的是职业价值观取向只是给出一个解释的可能，一个参照的途径，但不代表就一定要严格按照它去执行。

SIGI PLUS 有关工作的价值观

与工作相关的价值观	与职业相关的价值观
晋升 希望能够按照预期的步骤被提升，或者直接步入一个更高级的职位。想避开没有发展前途的工作	对社会的贡献 几乎所有的工作都对社会有贡献，但你希望自己的工作能够提高社会整体的健康、教育和福利水平
机遇 希望用自己的能力去解决问题，工作不太容易，但它能带给自己成就感	高薪 希望职业的平均收入比其他职业要高（这里的平均指的是最高和最低收入的中间值）
交通便利 希望工作离家很近，来回不需要很多的时间。希望有便捷的公共交通工具，或者能与人合伙开车	独立 希望自己做老板，自己做决策，没有压力，无拘无束地工作，而不必每日一丝不苟地听从指令
灵活机动的时间 希望有个灵活的时间表，只要你能投入所需的时间，就可以调整自己的工作时间表	领导能力 希望领导别人，吩咐他们做事，并对自己及下属的行为负责。当事情出错时，愿意承担责任
福利 希望自己的工作能够提高除了报酬以外的福利，如医疗保险、住房公积金、学费补助、儿童保育服务等	休闲 希望工作时间段或休假时间长，感到在业余时间内所得到的满足感对自己很重要，因此不希望工作打扰自己的休闲活动
在职学习 希望学习新的技能和思想，以便从事一项更高级的工作；或者，仅仅是为了享受学习本身的乐趣	声望 希望自己的工作能使别人尊重你，愿意听从你的观点，寻求你的帮助
愉快的工作伙伴 希望和令人愉快的人在一起工作，他与自己有共同的兴趣和观点，易于相处	保障 希望工作不要因经济衰退或技术、政府开支以及社会趣味方面的变化而变化不定，避免周期性的上下波动
固定的工作地点 希望工作地点稳定	多样性 希望参与不同的活动，解决不同的问题，和不同的人交流，去不同的地方，而不是一成不变的工作

从我国目前劳动力剩余情况来看，职校学生就业压力较大，但从国家整体供求

情况来看，目前的职校学生需求仍有缺口。要充分实现个人价值，走向职业生涯成功的彼岸，职校学生就必须充分认识劳动力市场的整体趋势，实事求是地评价自己，自觉调整就业价值取向。中职毕业生就业问题已经引起社会各方面的广泛关注和长时间跟踪。通过调查可以发现，大部分中职毕业生期望较高，并希望留在北京、上海等直辖市和沿海开放地区，来自大中城市的职校学生竟有一半以上表示不能接受去小城镇或乡镇企业工作。在这些毕业生中，能够认识到应该调整就业价值取向和期望的更是少之又少。有统计显示，中职毕业生就业预期收入与用人单位提供的工资之间存在着明显的差距。

因此，职校学生一定要有市场经济意识。在目前劳动力市场需求和供给不相吻合的形势下，职校学生必须了解社会对人才的需求，在求学期间有意识地培养自己各方面的能力。同时，也要不断调整就业价值取向和心理预期，从物质生活、精神生活和社会义务的角度出发，仔细思考，谨慎抉择，为个人的职业生涯发展做好规划。不要认为到基层就没有出路，成功的企业家都是脚踏实地、不懈努力地从最底层做起，最终实现自己的职业生涯目标的。

五、个人学习状况分析

一个人的学习状况和行为习惯是个人发展条件的重要组成部分，它们能够决定一个人的精神状态和发展趋势，同样也对职业生涯的发展方向有着较大的影响。

1. 个人学习状况的分析与改善

对个人学习状况的分析和改善可以从以下几个方面入手，即学习动机、学习内容、学习方法和学习结果。

职校学生在校期间会学习相关的专业课程并开展一系列的实践活动。职校学生应该怀着单纯的动机和梦想，不断学习，充实自我。在学习过程中，不断形成自主学习观，进而内化为学习动力。

学习的内容对职业的选择和发展起到了举足轻重的作用。职校学生的学习内容多为实用性强、有一定技术要求的专业课程。通过学习和自我审视，职校学生应不断提高能力，重视探究，坚持独立思考，有选择地确立学习目标，攻克重点难点。

不同的人会选择不同的学习方法，但最重要的是要选择适合自己的方法。随着科学技术的发展，学习方法变得越来越丰富多样。根据问题难易，人们可能会选择先理论后实践的方法，也可能选择先尝试后验证的途径；可能会相互交流，也可能是独自研究。总之，用自己喜欢的方式，探究未知问题，表现自己的学习成果，就能为职业生涯的发展提供有利的条件。在这一基础上，职校学生还可以结合自身特点，通过展示交流，主动检测自己的学习成果，也可以在老师的点拨下，在同学的质疑辩论中反思提升。

在学习结果上，职校学生的学习状况整体水平尚处在初始阶段。因此，更应该自我反思，自我评价。在反馈环节中，自我纠正，从实际出发，结合专业特点，养成良好的学习习惯，达到良好的学习效果。

2. 个人行为习惯的分析与改善

职校学生养成良好的行为习惯对其职业生涯发展有着重要的意义。行为习惯的养成贯穿于校园生活的全过程——从日常生活方面的自理能力培养到行为举止方面的端庄大方、文明得体；从学习方面的认真听课、积极作答、认真完成各项学习任务到纪律方面的不迟到、不旷课，都应该从一点一滴做起，不断审视自我，形成良好习惯。

行为习惯"既小又大"。"小"是因为行为习惯的养成和改变要从微小的事情做起，"大"是因为任何一个有关行为习惯的细节都有可能对未来的发展和规划产生重要的影响，而且行为习惯的改善极为不易。

对于职校学生而言，行为习惯的改善可以通过以下办法实现：

从实际出发，从现在做起，从我做起。职校学生正值青春期，也就是教育学上所说的"心理断乳期"。这一时期是人的心理、情绪变化最激烈的时期，也是产生心理困惑、心理冲突最多的一个时期。面对崭新的学习环境，职校学生完全可以树立新的目标，并努力为之奋斗。在此期间，更要明确养成良好行为习惯对职业生涯发展的重要性，同时提出每一阶段的行为习惯的改善目标和措施，并落实到日常行为的每个细节，使自己做有标准、学有样子、有章可循，从而为良好行为习惯的养成奠定基础。

随时审视自我，循序渐进养成好习惯。行为习惯的养成和改善并不是一朝一夕的事情，好的行为习惯要在长期的学习和生活中，通过自我磨炼、加强修养而形成。要随时审视自我，就必须加强自我监督，这不但可以及时肯定自己的进步，还能及早批评、制止或纠正不良的行为习惯，把不良的行为习惯扼杀于萌芽之中。

开展自我批评，逐步完善良好的行为习惯。矫正"陋习"并非一件容易的事，对于职校学生来说，在改善行为习惯的过程中，常常会因缺少恒心和毅力而出现行为反复。在错误发生后，应该不断进行自我反思，还可以通过记日记、写随笔的方式记录自己的生活和学习情况，反思自己的言行，深刻认识到哪些行为是好的行为，哪些行为是不好的行为。

通过不断地自省，有意识地提高自我控制能力，加快良好行为习惯的养成。

阅读感悟

HP公司员工的职业生涯管理

美国著名的惠普公司非常重视员工的职业生涯发展规划，为了帮助公司的每位员工制定令个人满意的，有针对性的职业生涯发展设计，公司开设了职业生涯设计与管理的课程，并从哈佛商学院获得六种工具，让员工用来自我剖析，以准确地获取个人特点。这六种工具是：

（1）一份书面的自我访谈记录。给每位参加者发一份提纲，其中有11道有关自己情况的问题，要他们提供有关自己生活（有关的人、地、事件）他们经历过的转折以及未来的设想，并让他们在小组中互相讨论。这篇自传摘要的文件将成为自我分析所依据的主要材料。

（2）一套"斯特朗－坎贝尔个人兴趣调查问卷"，这份包含有325项的问卷填答后，就能据此确定他们对职业、专业领域、交往的人物类型等的喜恶倾向，为每人跟各种不同职业中成功人物的兴趣进行比较提供依据。

（3）一份"奥尔波特－弗农－林赛价值观问卷"。此问卷中列有多种相互矛盾的价值观，每人需对之做出45种选择，从而测定这些参加者对多种不同的关于理论、经济、美学、社会、政治及宗教价值观接受和同意的相对强度。

（4）一篇24小时活动日记，参加者要把一个工作日及一个非工作日全天的活动如实而无遗漏地记下来，用来对照其他来源所获同类信息是否一致或相反。

（5）对另两位"重要人物"（指跟他们的关系对自己有较重要意义的人）的访谈记录。每位参加者要对自己的配偶、朋友、亲戚、同事或其他重要人物中的两个人，就自己的情况提出一些问题，看看这些旁观者对自己的看法。这两次访谈过程需要录音。

（6）生活方式描述。每位参加者都要用文字、照片、图或选择任何其他手段，把自己的生活方式描绘一番。

实践之窗

【网上测评】

测验一：识别你的职业性格

说明：阅读下面每一对描述，选择其中在大多数情况下最像你的一项，你必须设想最自然状态下的自己，在没有别人观察的情况下的举止。

第一部分：关于你的精力的描述，哪种模式更适合你，是 E 还是 I？

E	I
○喜欢行动和多样性。	○喜欢安静和思考。
○喜欢通过讨论来思考问题。	○喜欢讨论之前先进行独立思考。
○采取行动迅速，有时不做过多思考。	○在没有搞明白之前，不会很快地去做一件事情。
○喜欢观察别人是怎样做事的，喜欢看到工作的结果。	○喜欢理解工作的道理，喜欢一个人或很少的几个人做事。
○很注意别人是怎样看自己的。	○为自己设定标准。

第二部分：下面是一些处理信息的方式，其中哪一种模式与你更接近，是 S 还是 N？

S	N
○主要是凭借过去的经验处理信息。	○主要是通过分析事实所反映出来的意义以及二者之间的逻辑关系去处理信息。
○愿意用眼睛、耳朵和其他感官去察觉新的可能性。	○喜欢用想象发现新的做事方法来感受事物。
○讨厌出现新问题，除非存在标准的解决方法。	○喜欢解决新问题，讨厌重复地做同一件事。
○喜欢用已学会的技能去做事，而不愿意学习新东西。	○与其说练习旧技能，不如说更愿意运用新技能。
○对于细节很有耐心，但当出现复杂情况时则开始失去耐心。	○对于细节没有耐心，但不在乎复杂的情况。

第三部分：下面是描述你做决定的方式，其中哪一种模式更接近你，是 T 还是 F？

T	F
○根据逻辑决策。	○根据个人感受和价值观决策，即使它们可能不符合逻辑。
○愿意被公正和公平地对待。	○喜欢被表扬，喜欢讨好他人，即使在不太重要的事上也是如此。
○可能不知不觉地伤害别人的感情。	○了解和懂得别人的感受。
○更关注道理或事情本身，而非人际关系。	○能够预计到别人会如何感受。
○不太关注和谐。	○不愿看到争论和冲突，珍视和谐。

第四部分：下面是描述你日常生活的方式，其中哪一种模式更接近你，是 J 还是 P ？

J	P
○预告制订计划，提前把事情落实和决定下来。	○保持灵活性，避免做出固定的计划。
○总想让事情按"它应该的样子"进行。	○轻松应对计划外和预料外的突发事件。
○喜欢先完成一件工作后，再开始另一件。	○喜欢开始多项工作。
○可能过快地做出决定。	○可能做决定太慢。
○按照不轻易改变的标准和日程表生活	○根据问题的出现不断改变计划。

回顾前面的四个部分，哪些类型更接近于你？（圈出适当的字母）。

E	I
S	N
T	F
J	P

你的职业性格的四个字母为：（　　　　）、（　　　　）、（　　　　）。

测验二：识别职业偏好

本测验将帮助你发现和确定自己的职业兴趣，从而帮助你根据自己的情况选择一个恰当的职业目标。在填写时，不要考虑任何其他外在压力，完全按照自己的兴趣、爱好填写。

第一部分

您心目中的理想职业（专业）

职业生涯设计

对于未来的职业(或升学进修的专业),你可能早有考虑,它可能很抽象、很朦胧,也可能很具体、很清晰。不论是哪种情况,现在把自己最想做的三种工作或最想读的三种专业,按顺序写下来。

1.

2.

3.

第二部分

您所感兴趣的活动

下面列举了若干种活动,请就这些活动判断你的好恶。喜欢的,请在"是"栏里打√;不喜欢的在"否"里打√。请按顺序回答全部问题。

R:现实型活动	是	否
1.装配、修理电器		
2.修理自行车		
3.开汽车或摩托车		
4.驾驶卡车或拖拉机		
5.装配、修理机器		
"是"一栏计:		
A:艺术型活动	是	否
1.素描、制图或绘画		
2.设计家具、布置室内		
3.欣赏音乐或戏剧		
4.看小说或读剧本		
5.写诗或吟诗		
"是"一栏计:		
I:研究型活动	是	否
1.读科技图书和杂志		
2.在实验室工作		
3.研究自己选择的特殊问题		

4. 解算式或数学游戏		
5. 物理课		
6. 化学课		
"是"一栏计：		
S：社会型活动	是	否
1. 学校或单位组织的正式活动		
2. 参加某个社会团体俱乐部活动		
3. 帮助别人解决困难		
4. 和大家一起出去郊游		
5. 结交新朋友		
"是"一栏计：		
E：影响型活动	是	否
1. 说服、鼓动他人		
2. 卖东西		
3. 制订计划、参加会议		
4. 以自己的意志影响别人的行为		
5. 检查与评价别人的工作		
6. 指导有某种目标的团体		
"是"一栏计：		
C：常规型活动	是	否
1. 整理好桌面和房间		
2. 抄写文件和信件		
3. 检查个人收支情况		
4. 参加算盘、文秘等实务培训		
5. 参加情报处理培训班		
6. 整理信件、报告、记录等		
"是"一栏计：		
C：常规型活动	是	否
1. 整理好桌面和房间		

2. 抄写文件和信件		
3. 检查个人收支情况		
4. 参加算盘、文秘等实务培训		
5. 参加情报处理培训班		
6. 整理信件、报告、记录等		
"是"一栏计:		

测验完毕。请你取三个维度，按分数高低依次排列，此排列便是你的霍兰德编码。

测验三：识别职业潜能

本测验把人的职业能力倾向分为九种，每种能力由一组四道题目反映。测验时，请仔细阅读每一题，采用"五等评分法"对自己的能力进行评定。然后分别计算出自评等级。

（一）一般学习能力倾向（G）

	弱 1	较弱 2	一般 3	较强 4	强 5
1. 快而容易地学习新内容					
2. 快而正确地解数学题目					
3. 对课文的字、词、段落篇章的理解、分析和综合能力					
4. 对学习过的材料的记忆能力					

（二）言语能力倾向（V）

	弱 1	较弱 2	一般 3	较强 4	强 5
1. 善于表达自己的观点					
2. 阅读速度和理解能力					
3. 掌握词汇量的程度					
4. 你的语文成绩					

（三）算术能力倾向（N）

	弱 1	较弱 2	一般 3	较强 4	强 5
1. 做出精确的测量					
2. 笔算能力					
3. 口算能力					
4. 你的数学成绩					

（四）空间判断能力倾向（S）

	弱 1	较弱 2	一般 3	较强 4	强 5
1. 解决立体几何方面的习题					
2. 画三维立体图形					
3. 想象盒子展开后的平面图					
4. 想象三维物体					

（五）形态知觉能力倾向（P）

	弱 1	较弱 2	一般 3	较强 4	强 5
1. 发觉相似图形中的细微差别					
2. 识别物体的形状差异					
3. 注意物体的细节部分					
4. 观察物体的图案是否正确					

（六）书写知觉（Q）

	弱 1	较弱 2	一般 3	较强 4	强 5
1. 快而准确地抄写资料（如姓名、日期、电话号码）					
2. 发现错误字					
3. 发现计算错误					
4. 能很快查找编码卡片					

（七）眼手运动协调能力倾向（K）

	弱 1	较弱 2	一般 3	较强 4	强 5
1. 玩电子游戏					
2. 篮球、排球、足球一类活动					
3. 乒乓球、羽毛球运动					
4. 打字能力					

（八）手指灵巧度（F）

	弱 1	较弱 2	一般 3	较强 4	强 5
1. 灵巧地使用很少的工具					
2. 穿针眼、编织等使用手指的活动					
3. 用手指做一件小工艺品					
4. 使用计算器的灵巧程度					

（九）手腕灵巧度（M）

	弱 1	较弱 2	一般 3	较强 4	强 5
1. 用手把东西分类					
2. 在推拉东西时手的灵活度					
3. 很快地削水果					
4. 灵活地使用手工工具					

（十）计分方法

选"强"得 5 分，选"较强"得 4 分，依次类推。

计算每一类能力倾向的自评等级：自评等级＝总分÷4。

将自评等级填入下表所示为部分职业所需的最低能力标准。

计分表

职业能力倾向	自评等级	职业能力倾向	自评等级
G		Q	
V		K	
N		F	
S		M	
P			

部分职业所需的最低能力标准

职业	职业能力								
	G	V	N	S	P	Q	K	F	M
生物学家	1	1	1	2	2	3	3	2	3
建筑和工程技术专家	2	2	2	2	2	3	3	3	3
系统分析和计算机程序员	2	2	2	2	3	3	4	4	4
经济学家	1	1	1	4	4	2	4	4	4
心理学家	1	1	2	2	2	3	4	4	4
社会工作者	2	2	3	4	4	3	4	4	4
法官	1	1	3	4	3	3	4	4	4
律师	1	1	3	4	3	3	4	4	4
职业指导专家	2	2	3	4	4	3	4	4	4
内科、外科、牙科医生	1	1	2	1	2	3	2	2	2
护士	2	2	3	3	3	3	3	3	3
医院药剂师	2	2	2	4	2	3	3	3	3
作家和编辑	2	1	3	3	3	3	4	4	4
秘书	3	3	3	4	3	2	3	3	3
出纳员	3	3	3	4	4	2	3	3	4
商业经营管理	2	2	3	4	4	3	4	4	4
画家、雕刻家	2	3	4	2	2	5	2	1	2

【互相交流】

收集因"小节"（如站、坐、行的姿态，语言文明，卫生习惯，日常礼貌等）误了大事的事例，和同学们交换有关材料和感想。

【制订计划】

你的现状或许不是太理想，那么请从现在起制订一个改善计划吧！改善不利于你的一些习惯，让自己更好地适应社会。

第三节　职业生涯发展要善于把握机遇

复合型人才永远是最受欢迎的

小高是某职业技术学院英语专业的毕业生，接到某市晚报面试通知后准时赴约。一起面试的人很多，但面试中突然计算机出了故障，致使面试无法正常进行。时间一分一秒地过去了，计算机故障仍未找到。面试中学生已有不少人在议论纷纷，有的人对报社耽搁时间表示不满。

招聘主管根据应聘者的简历，让写有"精通计算机"应聘者试试，看能否排除突发的电脑故障。这时，在校期间选修过"计算机维护与修理"的小高，毛遂自荐站了出来，他沉着冷静地对电脑进行各种测试，终于找到了计算机的故障，并很快排除了故障，使招聘工作得以正常进行。

小高的表现，得到了报社的青睐，现代社会需要的不仅仅是专业，还需要具备专业以外的技能，为此小高幸运地赢得了报社的职位。

 案例分析

机会总是给有所准备的人。复合型人才永远是最受欢迎的。一个人只有在平时多学习，多积累，做好充分的准备，当机遇来临时，才能抓住它。

一、家庭 / 教育状况分析

1. 家庭背景

家庭是孩子的第一所学校，父母是孩子发展的第一任老师。家庭的环境气氛、父母的教育方式，以父母为核心的族群共同体（包括父母的主要社会关系），对儿童的成长起着重要的作用。美国临床心理学家安妮·罗欧通过对一批杰出的物理学家、生物学家和社会科学家的个体发展历程的研究发现，早期所受的抚养方式与教育方式不同，影响着被养育者所从事的职业类型、创造水平。安妮·罗欧将家庭抚育方式分为情感关注型、回避型、接受型三种。其中情感关注型又分为溺爱型和严格型两种；回避型分为拒绝型与疏忽型两种；接受型又分为随意接受型和抚爱接受型两种。职业生涯选择中，在情感关注型气氛中长大的人，一般需要从事定向于人

的工作；在回避型气氛中长大的人，往往需要从事定向于物的工作；在接受型气氛中长大的人，既可从事定向于人的工作，也可以从事定向于物的工作。安妮·罗欧虽然研究的是杰出的人物，但仍具有普遍的意义。家庭教育与管教的方式，对子女的兴趣、爱好、性格的熏陶与培育，直接影响着其个人职业能力的发展。

从家庭状况的角度判断自身在社会中所处的位置，就是对家庭状况的分析及其变化趋势的预测。这包括家庭组成、经济条件、社会关系、成员的关系及健康状况等因素，它们都和职业生涯发展有密切的关系。对相关环境及趋势的分析也是职业生涯设计的重要基础。例如，经济条件差的职校学生，不太适合毕业后立即升学，而应该首先考虑就业。

在进行职业生涯设计时，不应该只把目光停留在现有家庭状况之上，还应该充分考虑变化因素，家庭收入毕竟不是固定的。例如，现在家里需要抚养赡养的人多，而挣钱的人少，经济条件比较困难，但也许过了几年之后挣钱的人就多了，需要负担的人少了，经济状况就会大有改观。

相关链接

环境对自身发展的影响

友伴条件：身边的朋友、同学，个人的发展离不开朋友的支持。

生存条件：要作职业生涯设计必须要有自己的生存条件，要保障自己的基本生活，要有储蓄、发展资金和不动产。

配偶条件：选择的对象个性要相投、处世态度要相同，要有共同的家庭目标。

行业条件：注意社会当前及未来需要，在发展的行业，注意市场占有率。

企业条件：要稳定，则在大中型企业；要创业，则在小企业。了解公司是否有改革计划，清楚公司需要什么人才。

地区条件：视所在行业和企业而定。

国家（社会）条件：注意政治、经济、社会与文化、教育等条件，该社会的特性及潜在的市场条件。

世界条件：注意全球正在发展的行业，用"世界观"发展自己的事业。

阅读案例

自以为是，自断职门

周某，一直生长在溺爱与骄纵环境中，养成了自以为是，随口褒贬他人的习惯。

周某毕业时，来到一家在福州的跨国公司应聘一关键职位。经过学校推荐，又经过笔试与心理测试，周某与另一位同学同时入围，进入最后角逐。他们二人同专业、同班级、同寝室，彼此十分了解。如今成了竞争对手的他们，心情各异。先是周某的同学进面试房间，考官问他："爷们两个都很优秀，但只能录用一个，若不能被录取，有何想法？"周某的同学回答："如果没被录用，说明我的条件与贵公司还有差距，继续努力，提高能力，寻找新的机会。同时祝贺被录用的同学。"考官接着问："周某和你是同学，他和你比，谁最适合我们的岗位？"周某的同学实事求是地分析了自己的优势与不足，也客观地说明了周某的长处。考官嘉许地点点头。接下来，周某被叫入，考官问他："听说你与前一位同学同班、同寝室，你觉得他为人怎么样？"周某滔滔不绝："我的同学的确与我同班，但他成绩不如我，为人处世也不如我，他最大的特点是懒惰、死板、机械主义。他出生于农村，土气，在福州没有熟人……总之，从学校到同学，都认为我比他强。"考官也点了点头。

结果，周某未被录用，而出生于农村的周某的同学，却被这家知名公司录用了。

想一想：

这家知名公司为什么录用的是周某的同学，而不是周某？

案例分析

周某从小被家庭溺爱，养成以自我为中心的评价习惯，结果还未走上社会就遭到了社会的拒绝。人是社会中的人，客观、公正、非情感化地评价自我与他人，是融入群体的前提，也是与他人和谐相处的不可或缺的基础。

同时，家庭背景还是学生就业的重要的社会关系资源，即使在国外，许多的经理级和高薪职位也是由人际关系来获得，而不是通过招聘广告获得的。因此，亲友介绍，在我国目前的社会环境下，仍然是求职人员获得工作岗位的重要途径。

2. 教育背景

学校教育是给个体有计划、有组织、有系统的训练，是根据一定的社会要求和教育对象的身心特点，对受教育者在德、智、体、美、劳诸方面全面的、系统的培养。高职高专教育是在传统的普通教育基础上发展起来的，培养高端技能型专门人才的专业教育。学生所接收的教育，与传统的普通高等教育的科研型、学术型教育相比，高职高专教育更注重动手技能、创造技能，更讲究实用性、操作性。高职高专学生的专业教育分为专业知识教育与专业技能教育，其中的专业知识比普通高校要求低，而技能则要求高，最好一专多能，一专多证，成为技能式的复合型人才。因此，每一个高职高专毕业生应该深入地分析自己所接受教育的优势与劣势，扬长避短，以个人教育的不可替代性进入职场。

二、职业环境分析

一份有效的职业生涯设计要求我们全面地认识了解自己的同时，也要清楚认识到外部环境的特征，以评估职业机会。

任何人都是社会的一分子，都不可能离群而居。现今的社会，科学技术的发展改变了人们的生活方式和企业的运作模式。互联网技术早就使地球变小，使个人空间扩大，直接影响到个人生活的方方面面。同时，在这个变革的社会中，没有一成不变的事物。"三十年河东，三十年河西"型的职业热不断出现。个人要谋求职业生涯发展和成功，就必须考虑外部环境的需求和变化趋势，力求适应环境变化，进而突破旧巢。

1. 社会环境因素

社会环境是指社会各种客观因素所形成的职场就业的总体氛围。社会环境对学生的职业生涯设计乃至人生发展都有着重大的影响作用。社会环境具有极大的不确定性，分析起来是相当复杂的。人们通常把社会环境分为五大类，即政治与法律环境、经济环境、人口环境、科技环境、文化环境。社会环境对职业生涯乃至人生发展都有重大影响，通过对社会环境的分析，了解所在地区的政治、经济、科技、文化，以寻求各种发展机会。

（1）政治与法律环境

我们生活在一个政治制度和法律制度完善的社会里，这种政治、法律环境对我们的职业选择和职业生涯发展有着重要影响。影响职业的政治、法律因素包括政治体制、经济管理体制、人才流动的政策等。如政府有关人员的招聘，工时制、最低工资等强制性制定，现行的户籍制度、住房制度、人事制度和社会保障制度，这些因素都会对职业的选择和发展产生重要的影响。

（2）经济环境

经济环境是影响职业选择和职业生涯发展的重要因素。经济模式的变化，经济国际化发展，经济增长率，经济景气度，经济建设速度和国家、地区的产业政策，会引起职业和岗位供给的变化，从而给人们带来机会增减的影响。评估经济环境，特别是其变化趋势，对于毕业生职业生涯设计有重要的现实意义。

经济形势的变化对职业的影响是最为明显的。当经济处于萧条时期，企业的效益降低，对人力资源的需求减少，职业发展的机会减少；当经济处于高速发展时期时，企业处于扩张阶段，对人力资源需求量增加，职业选择和职业发展的机会增多。

劳动力市场供求状况对职业选择和职业生涯的发展会产生重要的影响。如某类职业的人力资源供不应求，则职业选择和职业生涯发展的机会增多；相反，某类人才供过于求，则职业选择和职业生涯发展的机会减少。我国普遍的情况是高级管理人才和高级技术人才不足，而初级技能的劳动力供给相对充裕。

社会对人力资源的需求是一种派生的需求，当人们的收入水平提高时，对商品消费的需求会增加，企业扩大生产，从而增加对人力资源的需求，职业选择和职业发展机会增多；反之，职业选择和职业发展的机会就会减少。

（3）人口环境

人口环境，尤其是个人所在地区的人口因素对职业选择与职业生涯发展有重要的影响，其影响主要包括几个方面：

人口规模，社会总人口的多少影响社会人力资源的供给，从而影响到职业生涯选择发展的机会。总人口越多，个人职业选择与职业生涯发展机会就越少；反之就越多。

年龄结构。不同的年龄段有不同的追求，在收入、生理需要、价值观念、生活方式、社会活动等方面存在差异性，这决定了他们的职业价值观的不同。不同年龄段人口影响着职业选择和职业生涯发展。

劳动力质量和专业结构。社会劳动力的质量和专业结构影响职业选择和职业发展的机会。如在某地区，未经培训的普通劳动力可能很充裕，然而受过高级培训的劳动力可能不足；某些地区可能某方面人才比较充裕，但其他方面人才相当欠缺，这些因素都会影响职业选择和职业发展。

（4）科技环境

科学技术对职业生涯设计的影响是全面的，具体表现在以下两个方面：

自动化的冲击。工业自动化的普及与提高，对工业科学而言，技术化的发展起到了促进作用，就给就业市场也带来了一定的影响。一方面，自动化增加了新的工作岗位；另一方面，自动化又淘汰了一些旧的工作岗位。从长远来看，自动化程度的提高，有利于就业岗位供给的增加；但在短期内，由自动化带来新增工作岗位的数目有可能小于被淘汰的工作岗位的数目。自动化程度的提高既为大家带来机遇，同时也使就业竞争加剧，带来危机。

产业结构调整的冲击。我们处于一个科学技术迅猛发展的世界里，产业结构也在不断地调整，从劳动密集型转化到资本密集型再转化到知识密集型，给我们职业生涯的发展提出了新的挑战。这要求我们根据环境的变化不断更新自己的知识结构，顺应产业结构的调整和社会的发展。如果不学习新的技能，就会落后于社会的发展，找不到工作，导致自己的人生事业失败。产业结构的调整给人们带来危机感，但同时也提供更多的机遇，尤其是对创新型人才来说发展空间更大了。

（5）社会文化环境

社会文化是影响人们行为的基本因素。社会文化反映人们的基本信念、价值观和规范的变动。如果一个地区的人们崇尚职业的新奇性和变换性，那么这个地区的人在各个企业之间的流动频度就高，如果人们追求工作的安全感和稳定性，那么人力资源在各企业间的流动就相对比较少，如日本公民喜欢终身雇佣制。我国是一个大国，社会文化的复杂性决定了个人职业选择和职业发展要考虑企业所在地的文化因素，如我国沿海地带的公民喜欢与雇主保持契约关系，而内地公民可能喜欢传统的、稳定的雇佣关系。

（6）价值观念

一个人生活在社会环境中，必然会受到社会价值观念的影响。大多数人的价值取向，都是为社会主体价值取向所左右的。一个人的思想发展、成熟的过程，其实就是认可、接受社会主体价值观念的过程。社会价值观念正是通过影响个人价值观而影响个人的职业选择。

2. 职业生涯的组织环境因素

组织环境是指大学生所进入的行业环境、企业环境的总和，是大学生面对的具体职场环境。个人所在的组织环境对个人职业生涯发展有着重要的影响，当组织环境适宜于个人发展时，个人职业更容易取得成功。但组织环境同社会环境一样，也在不断地变化，这些变化同样对职业提出了不同的要求。因此，在制定职业生涯设计时，个人所在的组织环境也是应考虑的重要因素。从组织内部环境看，影响职业发展的因素也是多方面的，主要包括以下几点：

（1）行业环境分析

行业环境就是各个不同行业总体环境的总和。每一个行业，总会有一定的特殊性，对人才的规格、技能、层次、特长都会提出不同的需求。每一个进入职场的毕业生，都必须对各自预备进入的行业有一个全面、系统的了解，特别是对各个行业从业人员的受教育程度、职业培训要求、基本素质、能力倾向、个性、兴趣、体质、体能等，有一个深入的把握，从而降低进入职场的成本，提高就业的经济和社会效益。

行业环境分析包括对目前所从事行业和将来想从事的目标行业环境分析。分析内容包括行业发展状况、国际国内重大事件对该行业的影响、目前行业优势与问题、行业发展趋势等。

从总体上看，行业进步对人员的素质要求大大提高。进步越快，技术淘汰就越快，下岗、转岗员工因为技术落后造成失业的可能性就越大。随着产业中技术与知识含量的提高，社会分工的基础从体能为主逐步发展到以脑力（智力）为主。政府和职业组织都必须为此制定相应的政策和实施方案，避免这个过程可能带来的社会震荡。

分析行业环境的时候，一定要结合社会大环境发展趋势。例如，由于科学技术的飞速发展，会使某些行业逐渐萎缩、消亡；更有许多极具发展前途的朝阳行业不断出现，发展起来。还要注意国家政策的影响，要了解国家对某行业是扶持、鼓励和引导还是限制、控制和制约，尽量选择有前景、发展空间较大的行业。比如，我国近年来狠抓环境保护，推行可持续发展战略和清洁生产工艺；实施蓝天碧水工程；退耕还林、退草还林；保护生物多样性；在农业生产中控制化学品的使用。开发"绿色食品"，环保产业在人们日益觉醒的环境意识中如初生朝阳，充满生机。环境保护设备生产，环保技术咨询等行业提供了大量岗位。这时谁要是为一时利益破坏环境造成污染，迟早会被清算，而且，做的越多，职位越高，到"清算"的时候要承担的责任也就越大，损失就越惨重。

（2）企业环境分析

企业是从业者赖以生存和发展的土壤。每个企业都有自己的发展目标、运作模式，了解企业的基本情况是成为企业一员的基础，便于自己以后迅速适应新环境。另一方面，为了生存和发展，企业本身也要随时关注、适应社会大环境的变化，并采取相应的变革措施，这就必将影响到其成员的个人生涯。科学的职业生涯设计一定要把个人的发展与组织的发展相结合起来考虑，才会一帆风顺。

企业环境分析包括企业在本行业的地位、现状和发展前景，所面对的市场状况，产品在市场上的发展前景，能够提供的岗位等，具体包括以下四个内容：

① 企业实力。企业实力体现在企业在社会中的地位如何？企业目前的产品、服务和活动范畴是什么？企业的发展领域在哪些方面？发展前景如何？战略目标是什么？技术力量和设施是否先进？企业在本行业中具备很强的竞争力，是发展、扩张，还是处于一个很快就会被吞并的地位？现在很多企业都试图做大，动辄成立企业集团，求职者要学会细心观察，分析企业在做大的同时是否也在做强，还是空有其壳？企业有没有长久的生命力？

② 企业领导人。很多成功的企业都有一位出色的企业家掌舵领航，如海尔的张瑞敏、联想的柳传志等。企业主要领导人的抱负及能力是企业发展的决定性因素。

企业主要领导人是真心想干一番事业吗？他的能力足以带领员工开创新天地吗？企业领导人有没有战略的眼光和措施？尊重员工吗？

③企业文化。企业文化是全体员工在长期的生产经营活动中形成的并共同遵循的最高目标、价值标准、基本信念和行为规范。企业文化是影响企业经营效益的重要因素，决定了一个企业如何看待员工，所以，员工的职业生涯设计是为企业文化所左右的。如果个人的价值观与企业的文化有冲突，难以适应企业文化，在组织中就难以发展。企业文化不是空洞的标语口号，真正的企业文化存在于每个人的心底，从日常行为中自然流露出来。没有优秀的企业文化便不会有卓越的企业。求职者需要分析是否认同这个企业的文化，企业的文化是否与自己的价值观相符。从某种角度来说，企业文化折射了企业领导人的抱负。

④企业制度。员工的职业生涯发展归根结底要靠企业制度来保障。企业制度包括管理制度、用人制度、培训制度、晋升制度、考核制度，奖惩制度等。没有合理的制度，员工的职业生涯发展就难以实现，甚至流于空谈。因此，尽可能了解这些信息，了解企业在组织结构上的特征与发展变化趋势，分析这种安排对自己未来可能带来什么样的影响。特别要注意企业用人制度如何，有提高教育培训机会吗？提供的条件是什么？自己将来有没有可能在企业担任更高级的职务或担负更大的责任？个人待遇提升的空间有多大？

阅读感悟

好机会与坏机会

美国有一个刚毕业的大学生，在 2002 年冬季大征兵中，被依法征录，他将到最艰苦也最危险的海军陆战队去服役。

这个年轻的小伙子自从知道自己被海军陆战队选中的消息后，就一直忧心忡忡。爷爷见到孙子整日魂不守舍的样子，便开导他说：“孩子，没什么好担心的。到了海军陆战队，你将会有两个机会，一个是留在内勤部门，另一个是分配到外勤部门。如果你分配到了内勤部门，那就完全用不着去担惊受怕了。”

年轻人问道：“那要是我被分配到了外勤部门呢？”

爷爷回答说：“那同样会有两个机会，一个是留在美国本土，另一个是分配到国外的军事基地。如果你留在了美国本土，那又有什么好担心的？”

年轻人又问道：“那要是我被分配到了国外的军事基地呢？”

爷爷回答说：“那也还有两个机会，一个是被分配到和平而友善的国家，另一个是被分配到维和地区。如果你被分配到和平而友善的国家，那也是值得庆幸的事。”

年轻人接着问道："那要是我不幸被分配到维和地区呢？"

爷爷回答说："那同样还有两个机会，一个是安全归来，另一个是不幸负伤。如果你能够安全归来，那担心岂不是多余？"

年轻人继续问道："那我要是不幸负伤了呢？"

爷爷耐心地回答说："你同样有两个机会，一个是能够保全性命，另一个是救治无效。如果你能够保全性命，就没有必要这样过多地担心。"

年轻人仍然在发问："那要是我负伤后救治无效呢？"

爷爷语重心长地说："你还是会拥有两个机会，一个是作为敢于冲锋陷阵的国家英雄而牺牲，另一个是躲在后面不幸遇难。我知道你当然会选择前者，既然会成为英雄，那还有什么好担心的。"

是啊，无论人生遇到什么样的情况，都会有两个机会，一个是好机会，另一个是坏机会。俗话说，祸兮福之所倚，福兮祸之所伏。好机会中，藏匿着坏机会，而坏机会中，又隐含着好机会。关键是我们以什么样的眼光、什么样的心态、什么样的视角去看待它。

 温馨提示

塞翁失马，焉知非福。如果用乐观豁达、积极向上的心态去看待，那么坏机会也会成为好机会。如果用消极颓废、悲观沮丧的心态去对待，那么好机会也会被认为是坏机会。

人生的际遇中，始终都存在着这两种机会。那些乐观的人会认为两个都是好机会，而那些悲观的人则会把两个都看成是坏机会，从而与好机会失之交臂。

实践之窗

从平凡工作中做出不平凡的成绩

毕业前小尹应聘来到一家国有建筑公司实习，心想自己终于有了大展身手的机会。但是，领导仅安排小尹做些简单的复印、记录等工作。小尹心中一直很着急，觉得没有技术成分。可能是看出了小尹的心思，一段时间后，领导让小尹参加了一次有关建筑测量的讨论会。说实话，关于测量方面的问题，小尹的理论知识还是蛮不错的，但面对实际工作，他却茫然不知。实际经验不足的小尹，引起了同事们的嘲笑。怀着满肚子的苦涩，小尹请教了自己的师傅。师傅告诉小尹，要摆正自己的位置，学技能一靠时间、二靠领悟，从此小尹改变了过去贪大的态度，虚心向前辈

们请教。从此前辈们见客户时都带上小尹。在短短 3 个月的实习期间，小尹积累了不少实践经验，迅速成长起来了。

 **案例分析**

在职业发展初期不论是和人沟通，还是和事物、机械打交道，都需要从具体的事务性的工作开始，当有了更多的积累，才能逐步向着有创意、有研究等更重要的工作进行学习提升。

实践之窗

【搜索求助】

上网搜索或到图书馆、阅览室借阅《中华人民共和国职业分类大典》，学学怎样使用《大典》，再在《大典》中找到自己希望从事的职业，查一查这个职业的编码、名称、职业定义、职业描述以及归入该职业的工种组成，职业的性质和工作活动的内容、范围以及工种的联系。认真看《大典》对这个职业的基本活动描述，思考一下自身情况与这些要求有哪些相符之处，有哪些还需要继续做出努力。再从《大典》里找找有哪些职业与自己喜欢的职业相近，想想这些职业能否纳入你毕业时的择业范围。

【走访调查】

走访你的老师或本专业的毕业生，通过他们了解与本专业有关的行业新技术、新工艺和新职业、新岗位。

【实例探究】

在自己亲友所在相关行业中，找一找兴趣可以培养、性格可以调适、能力可以提高的实例。和同学们交流一下取得成功的职业生涯与兴趣培养、性格调适、能力提高的关系。

第三单元　职业生涯发展目标与措施

你设定好人生目标了吗？ 在竞争日益激烈的今天，学会给人生科学地制定目标非常重要。你设定职业生涯目标了吗？

有了职业生涯目标的你，便找到了奋斗的方向，你的潜力也就能得到充分发挥。通过本单元的学习，你不但要学会确定职业生涯目标，还要学会如何去实现这个目标。

目标的重要性

曾有研究机构做过一个实验：组织了三组人，让他们分别向10千米以外的3个村子步行。

第一组的人不知道村庄的名字，也不知道路程有多远，只告诉他们跟着向导走就是。刚走了两三千米就有人叫苦，走了一半时有人几乎愤怒了，越往后走他们的情绪越低落。

第二组的人知道村庄的名字和路程，但路边没有里程碑，他们只能凭经验估计行程时间和距离。走到一半的时候，大多数人就想知道他们已经走了多远，比较有经验的人说："大概走了一半的路程。"于是大家又簇拥着向前走，当走到全程的四分之三时，大家情绪低落，觉得疲惫不堪，而路程似乎还很长，当有人说："快到了！"大家又振作起来加快了步伐。

第三组的人不仅知道村子的名字、路程，而且公路上每一千米就有一块里程碑。人们边走边看里程碑，每缩短一千米大家便有一小阵的快乐。行程中他们情绪一直很高涨，很快就到达了目的地。

 **案例分析**

当人们的行动有明确的目标，并且把自己的行动与目标不断加以对照，清楚地知道自己的行进速度与目标的距离时，行动的动机就会得到维持和加强，人就会自觉地克服一切困难，努力达到目标。

人生启迪

职业生涯发展目标应结合个人实际来确定。每个人都有自己的个性特点，只有了解了自己的个性特点后，才能真正地为自己设定一个合适的目标。盲目地就业或创业都是不可取的，所以分析自己的发展条件并设定适合自己的发展目标是做好职业生涯设计非常重要的一环。

第一节 确定发展目标

一、职业生涯发展目标的构成

每个人都是自己人生事业的设计师。一个人的职业生涯是生命、生活的重要组成部分，选择了一份职业，就是选择了一种社会角色，进而选择了一种生活方式。职业为个人带来了权利和义务，确定了一个人在社会上的功能、作用与定位，影响着个人生活的方方面面。

职业生涯目标代表着个人职业生涯发展的最高成就，它建立在充分认识自己、了解职业的基础之上，是个人成熟、理性、坚毅、强烈进取意识的集中反映。没有目标的人如同大海中的孤舟，没有方向，不知所终。人生没有目标，一生将碌碌无为，事业无成。明确而适当的目标，犹如职业生涯中的灯塔，可以指引人生走向成功。

清晰而长远的职业生涯目标是个人职业生涯发展的不竭动力和指路航标，它激励着人们克服困难、排除干扰与诱惑，向着明确的方向不懈地前进，直到实现目标。人生的目标，不仅是理想，同时也是约束。有约束，才有超越，才有发展，才有"自由"。外面的世界太精彩，太多的诱惑，会让人迷失方向，削弱意志。有所得，必然有所失，懂得取舍，终成大业。

在新时代的变革中，我们每个人都应及早做好职业生涯设计，树立明确的目标，认清自己，在自己的内在潜能上不断探索、觉察和发展，并有意识地努力创造有利条件，才能正确把握自己的人生方向，创造属于自己的成功人生。

职业生涯目标在个人职业生涯设计中是必需的、首要的内容。职业生涯目标的设定，是学生在继专业选择后的新抉择。其抉择是以自己的最佳才能、最适性格、最大的兴趣、最有利的环境等信息为依据。一旦确定自己的职业生涯发展方向和未来职业生涯目标，人生就会变得有意义，一切都会清晰、明确地摆在面前。什么应当做，什么不应当做，为什么而做，为谁而做，怎样做……所有的要素都那么明显。

确定一生的目标，要以人生的终极目标为方向，按照远近依次确定，越近期的目标，越要具体可行。职业生涯发展目标，分为长远职业生涯目标和短期的阶段目标。

1. 长远的职业生涯目标

长远的职业生涯目标期限不可太长，也不可太短。确定长远的职业生涯目标，建立自己的事业和职业需要，必须能够配合工作环境的需求才行。能从市场角度探求人生的人，必可得到清晰的职业生涯目标。眼光放远，不要局限于现实和近期。就是说，放眼未来，预测可能的职业进步。寻找自己最渴望和追求的东西，用心去思考和发现自己的长远的职业生涯目标。

长远的职业生涯目标，一靠自己思考、反思而得来，是以自己的价值观、信念、能力、特性与其理想或志向为基础进行分析，把可能性与志向做一个新的组合；二靠自己创见而得来。异乎寻常的创意，使之超然现实思想限制，拓展更广阔的眼界，利于长远职业生涯目标的确定。

2. 短期阶段性职业生涯目标

选定长远的职业生涯目标，现在需要足够的理智和准确度，把长远职业生涯目标具体化、现实化、可操作化，它是结果和行动之间的桥梁。长远的职业生涯目标与短期阶段性目标有机联系，构成一个金字塔目标网，塔尖是长远职业生涯目标，底部是无数个短期阶段性的具体目标。

短期职业生涯目标必须清楚、明确、现实、可行，如果对短期内期望完成的事业有清晰而完整的概念，那么差不多已完成目标的制定了。

目标的实现，不管表面看来多么的困难或多么的遥远，不管事物发展的前景多么黯淡，只要在力所能及的前方确定一个清晰的阶段目标，并努力使之实现；只要我们执着地追求和努力地工作，使一个个阶段目标不断实现，那么人生的大目标就会在生活中得以实现，理想就会渐渐成为现实。

对于每个人而言，职业发展都要经过几个阶段。在每个阶段中，个人都需要依据职业发展周期的变化来调整发展目标。虽然个人的职业生涯发展周期可以大致地分为五个阶段,即成长阶段、探索阶段、确立阶段、维持阶段和下降阶段,但是每个人都会有自己的特点,其职业生涯发展周期也并非相同。因此,选择适合自身条件和客观环境的阶段目标对职业生涯发展将起到重要作用。

职校学生在选择职业生涯发展目标的时候,不能一味贪高求快。职业生涯发展目标的制定要合理,不可过高或过低,同时应将长期目标和阶段目标结合起来,通过不断实现阶段目标,最终达到实现人生目标。

阅读感悟

人生需要目标

比赛尔是西撒哈拉沙漠中的一颗明珠。但在肯·莱文发现它之前,这里还是一个封闭而落后的地方。这里的人没有一个走出过大沙漠,据说不是他们不愿离开这块贫瘠的土地,而是尝试过很多次都没有走出去。肯·莱文用手语向这儿的人询问原因,结果每个人的回答都一样:从这儿无论向哪个方向走,最后都还是转回出发的地方。

经过实践,肯·莱文发现:在一望无际的沙漠里,一个人如果凭着感觉往前走,他会走出许多大小不一的圆圈,最后足迹十有八九是一把卷尺的形状。比赛尔处在浩瀚的沙漠中间,方圆上千千米没有一点参照物,若不认识北斗星又没有指南针,想走出沙漠确实是不可能的。肯·莱文在离开比赛尔时带了一位青年,他告诉这位青年,只要你白天休息,夜晚朝着北方那颗星走,就能走出沙漠。这位青年照着去做,三天之后,果然来到了大漠的边缘。这位青年叫阿古特尔,他因此成为比赛尔的开拓者,他的铜像被竖在小城的中央,铜像的底座刻着一行字:新生活是从选定方向开始的。

温馨提示

职场何尝不是每一个人的职业生涯的撒哈拉大沙漠,每个人的职业生涯就像要走出这撒哈拉大沙漠一样,在亲身经历之前一切都是未知的,成功注定在大漠的另一边。每一天的工作都是走向成功的起点。

二、职业生涯发展目标的条件

年轻人经常向职场设计咨询师提出这样一个问题:哪种发展方向好? 而答案只有一个:最好的方向是适合自己的方向。不同的发展目标,对从业者智能、个性

方面的要求会因为发展方向的不同而有所不同，并与个人所处的环境有十分紧密的关系。职业生涯设计要做到"两个符合"，即符合本人实际和发展需要，符合经济社会实际和发展需要。

职校学生职业生涯设计是职校学生在求学阶段客观地认识自己的能力、兴趣、个性和价值观，深入了解各种职业、行业、环境的需求趋势以及关键成功因素的基础上，为有效提升职业生涯发展所需的应变和决策技能，发展完整而适当的个人职业生涯理论，所制定的可行的实施方案。而此方案首先要对自己有一个"立足于现实""着眼于发展"的自我认识。

"立足于现实"是指自我认识，即剖析自我、实事求是的认识。要与自己的性格、气质、兴趣、能力特长等方面相结合，才能充分地发挥自己的优势，扬长避短，体现人尽其才、才尽其用的要求；同时考虑到自己经过一定的专业训练，具有某一专业的知识和技能，这是每个人的优势所在，也是职校学生做职业生涯设计的基本依据。如果职业生涯设计离开了所学的专业和技能，无形当中增加了许多"补课"的负担，个人价值难以实现。

"着眼于发展"是指对自我经过努力可能达到的水平的认识以及社会需求的变化。在相对长的一段时间内，个人的学习能力不断地增强，累积了更多的经验，对所学的专业知识与技能会更加精深、广博，知识面也在不断拓宽，相关的专业知识与技能也在不断地加深了解。同时，社会需求不断变化，旧的需求不断消失，同时新的需求又会不断产生。所以，在选择职业岗位时，必须把社会需求作为出发点和归宿。职业生涯设计，就在于立足现实、展望未来、明确目标、措施到位地不断提升自身素质，同时考虑到社会的需求的变化。

确立职业生涯发展目标时，一定要使目标同自己的能力、个人特质及工作适应性相符合。例如，一个没有什么专业特长、学历又不高的职员，却一心想进入管理层，这在现代企业中显然是不切实际的。确定职业生涯发展目标，一定要考虑到客观环境。一个刚毕业的职校学生如果进了一个论资排辈的企业，就不太适合把担当重要管理工作确定为自己的短期职业目标。

从业者在设计自己的规划时，要与用人单位的目标协调一致。个人职业生涯发展目标是借助于企业而实现的，职业生涯发展目标必须在为用人单位的目标而奋斗的过程中实现，个人职业生涯如果离开了企业目标就难以得到发展，甚至很难立足于企业。因此，个人职业生涯发展目标要与用人单位目标协调一致。缺乏实践经验的在校学生，不同于已参加工作多年的从业者。职业院校学生在进行职业生涯设计时，应该"先分析发展条件，后确立发展目标"，这是为了避免缺乏社会经验的在校生定出一个脱离现实的发展目标，导致整个规划成为毫无意义的幻想。

此外，"先分析发展条件，后确立发展目标"，还能拓宽设计者的视野，使之更好地发现自我，更深地了解社会，更多地接触实际，更及时地把握机会。因为先定目标，往往会让设计者只围绕着预定目标分析自己、分析外部环境，对自己、对社会的了解面过窄。对自身和外部环境了解过窄，既不利于挖掘潜能、发现自己的长处，也不利于在了解社会的过程中捕捉自我发展的灵感。

聚焦讨论

周日我跟随父母来到了邻居张叔家。

父亲："老张啊，你真不错，刚下岗就有了新岗位。"

老张："多亏我在业余时间考取了厨师职业资格证书；否则，就是求爷爷告奶奶，人家也不会用我！"

我："张叔，我学的就是厨师专业，看来，我的这条路还真选对了！"

母亲："俗话说'艺不压人'，上学就要学会真本领，为将来走向社会做好充分准备。"

我："我不仅要拿到厨师职业资格证书，而且要争取考取更多的职业资格证书。"

想一想：

你认为话题中"我"的目标对职业生涯是否有切实的帮助？

要使自己的职业生涯设计具有实现的可能性就必须做到以下的两点：

1. 符合自身实际情况（职业目标符合自己的职业能力、职业价值观、性格、兴趣和气质等）

2. 满足社会需求（职业需求、行业需求、组织需求、家庭需求等）。只有注重脚踏实地，从社会需求、专业优势、自身兴趣及能力等方面综合分析，选择最能发挥自己能力特长的职业目标才是最实际的。

一旦确立了符合发展条件的发展目标，围绕发展目标的实现来构建发展台阶、制定发展措施的思路就十分清晰了。只要找到适合自己的道路，就不怕路远。在进行职业生涯设计时，虽然必须十分认真地对待构建发展台阶、制定发展措施这两个环节，但只要有了正确的发展目标，这两个环节的难点就会迎刃而解，我们也就能很轻松地为人生点亮明灯，帮助自己赢在人生的起跑线上。

案例

分阶段实现大目标

1984 年，在东京国际马拉松邀请赛中，名不见经传的日本选手山田本一出人意料地夺得了世界冠军。当记者问他凭什么取得如此惊人的成绩时，他说了一句话：凭智慧战胜对手。

当时很多人都认为这个偶然跑到前面的矮个子选手是在故弄玄虚。马拉松赛是体力和耐力的运动，只要身体素质好又有耐力就有望都夺冠，爆发力和速度都还在其次，说用智慧取胜确实有点勉强。

两年后，意大利国际马拉松邀请赛在意大利北部城市米兰举行，山田本一代表日本参加比赛。这一次，他又一次获得了世界冠军。记者又请他谈谈经验。山田本一性情木讷，回答仍是上次那句话：用智慧战胜对手。记者对他所谓的智慧还是迷惑不解。

10 年后，这个谜终于被解开：每次比赛之前，他都要乘车把比赛的路线仔细地看一遍，并把沿途比较醒目的标志画下来，比如第一个标志是银行；第二个标志是一棵大树；第三个标志是一座红房子……这样一直画到赛程的终点。比赛开始后，他就以百米的速度奋力向第一个目标冲去，等到达第一个目标后，他又以同样的速度向第二个目标冲去……40 多千米的赛程，就被他分解成这么几个小目标轻松地跑完了。以前，他并不懂这样的道理，把目标定在 40 多千米外终点线上的那面旗帜上，结果他跑到十几千米时就疲惫不堪了，他被前面那段遥远的路程给吓到了。

案例分析

将最终目标分解成一个一个容易实现的小目标，将最终目标量化成可操作的实施方案，完成计划后及时奖励自己，又向下一个目标冲刺。每一个最终目标都是由阶段目标组合而成的。成功的人都是心里装着最终目标，眼里看到阶段目标。一个个阶段目标实现了，也就达到并实现了最终目标。

三、职业生涯发展目标的选择

1. 职业生涯发展目标的确定

在对个人进行全面的分析以及对环境有了较深的了解后，应结合个人职业理想确定自己的职业发展目标。所谓的目标，就是一个人行动的方向、目的。职业生涯目标是指一个人渴望获得与职业相关的结果。确定职业发展的目标的程序可以按照以下步骤进行。

（1）分析论证：对自身和社会环境进行全面充分的论证，认识自我和了解社会，主要包括自我人格的测试，分析自己的优势和劣势，澄清自己的价值观，了解自己的潜质与不足等。

（2）合理定位：结合前一步的分析论证，认识自我与环境的关系，寻找自己适合的位置，寻找适合自己能力范围的目标。

（3）目标的制定：将目标分为长期目标、中期目标、短期目标。围绕着长远目标，制定阶段性目标。

（4）目标的实施：采取各种措施完成阶段性的目标。

（5）调整目标：阶段性目标完成的过程中会不断出现新情况与新问题，通过对现实的把握，对自己的所有目标进行调整。

分析论证→	合理定位	→	制定目标：短期目标，中期目标，长期目标
↑			↓
检测修订目标	←		目标实施

2. 职业生涯发展目标设定的原则

尽管确定了自己的职业生涯发展目标，但是并不是所有的目标都能变为现实，只有 SMART（聪明）的目标才有可操作性。

（1）S（specific）具体性

具体性是指目标必须明确而具体，明确描述出每一工作职责所需要完成的行动，充分了解每一个行为的目的，不能含含糊糊。真正了解什么是最重要的事情，有助于合理安排时间，未雨绸缪，把握现在。

（2）M（measurable）可衡量的

可衡量是指目标必须量化，可测定，要有定量数据等作为衡量是否达到目标的依据，这样才能循序渐进。比如，你的目标是成为一名出色的推销商，为公司推销更多的产品，或者希望改变公司的战略重点，那你就必须制定明年将提高 20% 的销售额的目标，而不是简单地说明年提高销售额。

（3）A（achievable）可完成的

可完成的包含两个方面的含义。首先必须是合理的，是在个人可控制的范围之内，其次是必须跳一跳才能达到的，要有一定的挑战性。目标不能定得太高，也不能太低，只有当目标恰到好处，就是要稍微高一点，跳起来摘桃子，吃起来才有味。

（4）R（realistic）现实性

现实性是指要符合自身条件和环境的实际情况，要把自己的目标与公司的目标、部门目标协调起来，才能获得"双赢"。反之，个人目标与企业目标相背离，就无法实现自己的目标，并且不可能与企业长期共存。不要由于不切实际而导致失败，一步步地提高比跨越一大步更切合实际。

（5）T（time-limited）时限性

时限性是指必须规定起始和完成时间，以克服人的惰性。心中是否有确定的目标，能否坚定执着地朝着目标努力，是伟大与平庸的根本之别，是聪明与愚蠢的重要分水岭。如果你想获得事业的成功，就应朝着自己的职业生涯目标不懈努力。

3. 职业生涯发展目标的选择

在确定职业生涯发展目标时，应通过预测、衡量、比较后，再做出选择。

第一步，预测。在这一步，应该设想各种方案，并对设想出的这些方案进行可能性评价，预测其可能导致的结果，其中包括对成功效果的预测以及对失败风险的预测。

第二步，衡量。在这一步，要考虑和斟酌轻重缓急。衡量发展目标要从以下三方面入手：

以发展目标对从业者的要求为"尺"，并以"尺"衡量本人性格、所处环境与之匹配、适应的程度。

以发展目标对从业者可能的回报为"尺"，并以"尺"衡量本人价值取向得到满足的程度。

以发展目标对外部环境的要求为"尺"，并以"尺"衡量本人现实基础、变化趋势与之相符合的程度。

遵循一定的原则，综合各种因素，确定自己最主要或者优先考虑的标准，就是确定"尺"的过程。用标准分别衡量各备选方案，分析各个方案相符的程度，之后形成对某个目标的选择倾向。对目标的选择倾向的产生，要体现分析评价过程中的"两个符合"和"立足于现实、着眼于发展"，也就是要体现主观与客观相符合、个人与社会相和谐、现实与发展相统一的要求。

第三步，比较。也就是对几种同类事物的异同、优劣进行对比。在比较过程中，要通过对各种备选方案的比较进行排序，然后确定最优方案，最后确定发展目标。

从多个备选方案中，挑出最有实现可能性、最符合本人发展条件的方案，这是目标排序的目的。在实际操作过程中，往往很难只通过一个环节就很快达到目的，而需要反复循环多次。这说明，通过决策分析可能做出两种决定：终结性决定和调整性决定。实际上，调整性决定是重新探索发展目标，也就是对原有的备选方案感到不是很满意，从而重新列出几个备选方案，再次进行决策分析。

在选择发展目标的过程中，扬长避短才能成功。对于职校学生来说，长处和优势不在于学历，而在于动手实践能力。职业教育主要培养的是面向实际应用的技能操作型人才，因此，职校学生具有上手快、用得上、留得住、实践能力强的优势。职校学生可以把这些优势当作自己的有力武器，掌握职业生涯发展的主动权。经济社会发展需求在劳动岗位上的反映，具体表现为职业岗位对从业者素质的要求。从古至今，经济社会需求和自身条件都对人们的职业生涯发展有所制约。如果只是一味地提出脱离实际的发展目标，而对经济社会发展需要和自身条件全然不顾，终将会导致失败。

实践之窗

目标的选择

为自己选择几个不同的职业生涯发展目标，然后仔细斟酌，选出一个最适合自己发展的目标。请一定要认真对待这次选择，因为选择一个适合自己的发展目标，是设计出一份好的职业生涯设计的关键。

在课下，向同学、老师、亲友或父母谈谈自己为什么选择这样一个发展目标，听听他们的意见，吸取他们的建议，确定自己的职业生涯发展目标。

目标清单

有人把 6 个月以上的目标划入长远目标，6 个月以下的目标划入短期具体目标。现在以这个标准规划并列出你的 4 个长远目标和 4 个短期具体目标。

长远目标	短期具体目标

第二节　形成发展阶梯

某高级职业经理人的三个"十年"

起点：1978 年，18 岁，不足初中文化，鼠药生产车间工人。

第一个十年（1978—1988），18~28 岁。他希望自己能在这个十年里成为一个有知识、有文化的人。该阶段，他的奋斗方向——懂专业的管理者；他的总体目标——用十年时间，从不足初中文化水平的普通工人转变为有一定企业实践经验的管理专业研究生。

结果，通过刻苦自学，他考上了大学，成为一名优秀的推销员，并考上 MBA 研究生。第二个十年（1988—1998），28~38 岁。他希望自己在这个十年里能事业有成、学业再长。该阶段他的奋斗方向——企业高层管理者；他的总体目标——用十年时间完成硕士学位、博士学位的学习，创建企业，当总经理。

结果，他边干边学，工作促进学习，学习指导工作，并最终获得管理学博士学位，创建了一家中外合资企业，任董事、总经理。

第三个十年（1998—2008），38~48 岁。他希望自己成为职业生涯开发与管理理论的传播者、企业家。该阶段他的奋斗方向——大学教授、集团公司总裁；他的总体目标——学习法学、发展心理学、教育经济学知识；在著名学府兼任教授；创建职业生涯管理学院；参与集团企业建设，任主要管理者。

结果（至 2002 年 12 月，42 岁），他成为南开大学 MBA 中心兼职教授，美国南哥伦比亚大学、西南联合国际大学中国 MBA 项目特聘教授；清华大学职业经理训练中心特聘教授；参与创建四家企业，分别担任董事长、副董事长；继续向创建职业生涯管理学院等目标迈进。

1. 这位高级职业经理人的目标每次都完成得怎么样？

2. 这位高级职业经理人为什么能很好地完成自己的三个"十年"规划？

 **人生启迪**

制定职业生涯发展措施，有利于职业生涯目标的顺利实现。制定职业生涯发展措施的目的是通过分析自身现状与发展目标之间的差距，然后努力弥补，最终使目标得以实现。

一、阶段目标的特点和设计思路

1. 阶段目标的特点与要素

在职业生涯设计过程中，各个阶段目标之间的关系应该是阶梯形的。也就是说，前一个目标是后一个目标的基础，后一个目标是前一个目标的方向。长远目标是所有阶段目标的最终指向。

阶段目标有三个特点：一是必须"跳一跳"，也就是说人们不能轻而易举地达到自己的目标，而是必须为自己设定的目标付出努力，必须为之拼搏；二是具有现实意义，通过努力可以达到，基于自身实际出发，不脱离社会现实，不脱离自身条件；三是详细具体，能让自己确认这个目标到底需要从业者具有什么素质，到底需要采取什么具体措施才能弥补自身条件与职业素质的差距，到底需要做出哪些具体努力。总而言之，在前一个阶段目标基础上"跳一跳，够得着"的具体目标才是真正有意义的目标。

阅读感悟

职业生涯设计无论怎样分段，其阶段目标都必须是可以测量的、具体的、渴望的、挑战的，同时也是动态的和可行的。在进行目标阐述时，具体应该注意以下要素：

（1）什么，也就是具体的职业等级、职位等。

（2）何时，也就是什么时间到达。

内涵，也就是该职业对从业者素质的具体要求，以及该职位对从业者物质、精神方面的其他期望或回报。

环境，也就是达到此目标应该有的外部环境，以及环境变化后的调节手段或备选方案。

对阶段目标的阐述，在以目标四要素为基准的前提条件下，越详尽、具体，其激励作用就越明显。

以什么为依据分段、分几段，即阶段目标怎样分段，是职业生涯设计的脉络，是职业生涯设计优劣的重要标志。评价发展目标合理性的主要标准是：脉络清晰、分段有据、层次清楚、内涵明确、表述准确、衔接紧凑、直指长远目标。

在设定阶段目标的过程中，要注意以下要领：

第一，职业生涯发展在分段数量上，因人而异分为几个阶段，阶段目标既可分为近期目标与中期目标两大段，也可以分为 3～5 个阶段，甚至更多、更细。

第二，在表现形式上，可以用文字叙述，可以用简图，可以用表格，也可以兼而有之。

关键在于能把阶段目标简明扼要地说清楚，形式毕竟是为内容服务的。能让自己一目了然、印象深刻、发挥自我激励和自我监督作用的规划形式，就是好的规划形式。

第三，在分段方法上，既可以按照职业任职标准的提升安排阶段目标，也可以按照职务晋升阶梯设计自己的阶段目标，还可以按照自己的年龄段期望达到的标准设计自己的阶段目标。

阶段目标在制定的时候应当符合规范要求：①目标清晰、明白、确定；②目标不是幻想，要切实可行；③目标对本人应有的意义，同时与自我价值和长期目标一致；④考虑到企业内外环境，目标要实际；⑤辨别和衡量各短期目标的重要性，依其重要程度和可能实现时间，排列目标实施顺序；⑥辨认输出目标中隐含的需求能力目标，找出差距，明确努力方向；⑦规定目标完成时限，包括起始时间和终结时间；⑧预测目标成功与否、成功的程度。

案例

目标要切合实际

杨阳是我的同学。我们 18 岁高中毕业分开后，我在外为生活四处奔波；杨阳却上了大学，什么事都挺顺当。在这分开的十年里，我们每隔两三年见一次面。每一次我都会问他：你将来的目标是什么？

而我得到的答案总是不相同。下面记录的是我和杨阳的每次谈话：

18 岁，高中毕业典礼上：我发誓要当李嘉诚第二！我要当中国首富！

21 岁，在老同学聚会上：我想创立自己的公司，30 岁前拥有资产 2000 万元。

23 岁，在某企业当技术员，业余时间炒股：我正准备离开这家工厂。我将全力炒股，三年内用 5 万元炒到 300 万元。

25 岁，炒股失意而情场得意，开始准备结婚：我希望一年后能有 10 万元，让我风风光光地结婚。

27 岁，在结婚典礼上：我想生一个胖小子，不久的将来当个车间主任就行，别的不想了。

28 岁，所在工厂效益下滑，偏偏正是妻子怀胎十月的时候：希望这次下岗名单里千万不要有我的名字。

阶段目标的设计思路因人而异，现在要向大家介绍的是常用的"倒计时"方式，也就是常说的逆向思维——根据达到长远目标所需要的台阶和所需要的时间，往回一步一步倒着设计、规划。

逆向思维的设计思路，既可以按照"何时"，也就是把年龄段或时间段作为搭建台阶的主线，再确定每个台阶应该晋升的职位或其他内容；也可以按照"什么"，也就是把晋升阶梯或任职资格标准作为搭建台阶的主线，再确定到每个台阶的时间。不管是以"何时"还是以"什么"作为搭建台阶的主线，"倒计时"式的设计思路都应该有以下几个步骤：

第一步，粗线条地分析长远目标对从业者素质的要求，比如长远目标设定的职位职业资格、学历、专项知识和技能、工作经验、阅历、人际关系、资金以及岗位职业道德等方面的要求。认清自己达到这一长远目标所具有的优势和存在的差距。理清优势，以肯定自己对目标的追求；直面差距，以明确自己"补短"的内容。

第二步，汇总分类自己与长远目标存在的差距，并按照与达到长远目标的关联程度排序。

第三步，以差距为依据，以阶段弥补差距为台阶，选择搭建阶段目标的主线，也就是以"什么"或"何时"确定分段的依据和阶段目标的表述形式。

第四步，为各阶段起一个简洁、明确、醒目、层次分明的标题（名称）。

第五步，从长远目标向近期目标由后往前推，在各阶段的目标标题下注明对从业者的要求，写清各阶段目标的内涵以及其他相关内容。

第六步，对前后衔接的两个阶段目标要求进行比较，理顺"什么"与"何时"的关系，并对必要的说明加以修改。

构建阶段目标的方法很多，但不论什么方法，都必须在认真分析发展条件的基础上，根据已确定的发展目标的要求，对自己与发展目标的差距进行分析，然后分步推进。构建不断提升的各阶段目标，其目的在于分步缩小"现实的我"与"未来的我"之间的差距，针对发展目标的要求，分段提升自身素质，不断向更高目标攀登。实现各阶段目标的过程，实质上是分步缩小自己与发展目标差距的过程。

案例

小西的目标规划

小西同学知道自己想干什么，并且坚信自己能干什么，她一步步按照自己的计划实现了目标。小西在大一时对自己的能力锻炼列出计划：大一参加一个喜欢的社团，努力成为骨干，大二争取做到社团的领导层，具体实施细节分得很清楚。同学们当时对其都嗤之以鼻，到底是新生啊，只怕是3分钟热情。

事实渐渐证明大家的想法错了。小西选定了一个新闻类社团，为了全心投入该社团。她辞掉了其他的活动和职务，在工作中，大家都能感受到她的热情和执着，半年下来，她已经可以独当一面。刚上大二，她就自然而然地成为了社团骨干，开始带刚加入的新成员了。而同时期加入的其他成员，没有目标规划，一段时间后，或默默无闻，或毫无收获，最终悄然退出。

小西实现了她的目标。如果没有当初对自我的充分了解和自我计划，没有持之以恒的热情和信心，是不可能取得这样的收获的，而她两年的大学生活也让人羡慕，没有游戏，没有挂科，有的只是充实和取得的累累硕果。

 **案例分析**

有了目标，才会坚定不移地促使自己努力奋进；有了目标，人的生命才能在有限的时空里，释放出最大的能量。

二、近期目标的重要性和设计要领

1. 近期目标的重要性

第一阶段目标即近期目标，要更具体、更明确，而且应是"稍加努力，就能达到"的目标。职校学生应该通过职业生涯设计，一方面，展望自己的未来，以"三百六十行，行行出状元"的理念树立正确的职业理想，明确职业生涯的发展目标，看到自己职业生涯光明的未来，自信、自强地为职业生涯的成功付出努力；另一方面，精心确立职业生涯的近期目标，为自己品尝成功的喜悦创造条件，使自己在迈开职业生涯的第一步时，增强向长远目标奋斗的信心。

2. 近期目标的设计要领

近期目标是职业生涯发展中的第一个指向明确并以此调整自我个性、提升自我素质的目标。对于职校学生来说，更要掌握制定要领。

在规划自己的职业生涯时，有些人只看到职业生涯最后到位时的职业形象，而忽视达到这一职业目标要从初级岗位干起的现实。忽略起始点的职业生涯设计，必定是失败的规划。对于职校学生而言，好高骛远的近期目标，不仅会导致整个职业生涯设计建立在空中楼阁之上，而且会让自己在迈开职业生涯第一步时，就饮下失败的苦酒。

3. 职校学生职业生涯设计的三个短期阶段目标

国外职业生涯设计起步较早的国家，在职业生涯设计的教育与指导方面相比较我们国家来说积累了许多成功的经验。其中，将职业生涯设计的教育与指导贯穿于学生教育的全过程就是我们值得借鉴学习的经验之一，具体做法表现为：针对不同年级，明确目标，突出重点，分步实施，各有侧重，逐渐形成比较完善的职业指导体系，使教育阶段既分出层次，又相互贯通，有机连接。

一年级的职校学生重在适应生活，初步进行生涯规划。为此要开展成才教育和职业意识培养，通过具体的问卷调查、职业兴趣的测定、专家讲座等形式，系统地介绍专业和职业之间的关系，认清自己将来要从事的工作和自己的不足，进而制定学习目标，确立职业目标。

二年级主要是职业道德、职业知识、职业适应性的教育，并通过学校和企业相结合的教育了解行业发展动态，建立扎实的基础知识和合理的知识结构，并在实习、兼职、暑期工或志愿者活动中获得一些工作经验。

三年级主要进行就职前的培训，以便转变角色，适应社会。这才是实施行动的阶段，进一步通过某些岗前技能培训、生产实习、顶岗实习等，进一步认识自己，探讨工作选择和职业发展的问题，为即将从事的工作积极搜集信息和材料，为更好地从校园人转变到社会人做准备。

阶段目标中的近期目标，是职业生涯设计过程中最重要、最关键的目标，只有根据近期目标对从业者的具体要求，深入细致地了解自己，才能进一步强化追求目标实现的信心，才能为职业生涯设计的下一步即加强发展措施的针对性奠定基础。为此，职校学生在构建发展台阶之后，必须围绕近期目标，做好发展条件补充分析。发展条件补充分析应侧重于自身条件与近期目标对从业者素质要求的比较，细致地列出自己达到近期目标所具有的优势和差距。

通过发展条件补充分析，既可以完善规划中发展条件的有关内容，还可以据此修订近期目标的具体内涵，更可以在此基础上使发展措施更具体、更具实效。

自身发展条件针对性分析的作用，是为了设计者能明确自己符合职业要求的长处，让长处得到更好的发挥，并按职业生涯发展目标的要求，有意识、有目的地弥补自己的短处，以通过提升自身素质来确保发展目标的实现。

对于职校学生而言，分析发展条件可分为两次操作：第一次在确立发展目标以前进行，应全面展开一般性分析，目的在于全面了解自己、了解职业、了解社会，拓展视野，捕捉灵感，为实事求是地确定发展目标、构建阶段目标做准备；第二次在搭建发展台阶后进行，侧重于自身条件的分析，辅之以外部环境分析，目的在于为制定发展措施做好铺垫，检验发展目标特别是近期目标的可行性，提高发展措施的针对性。

在进行发展条件补充分析时，强调既要理清现状，更要看到可以改变的将来。即对"现在的我"和"明天的我"的认识。这种"知己"的分析，立足现实，着重变化。每天的你，都是一个新的你。你对未来的思考决定你到底会成为一个怎样的人。每个人都在变化，也有权力改变自己，每个人都是改变自己的主人。

职业生涯的起步阶段，首要问题是要了解自己的职业特质，了解自己究竟适合哪些职业，这需要职业方向定位测评来提供客观的分析。

第一，要能够了解"现在的我"。可以用笔记下自己的学习和工作简历、特长、爱好、近年职业兴趣的变化及其原因、成功和失败的经历，了解自己的专业特长、性格特征、兴趣爱好、能力潜质。根据记录，对自己的情况进行"书面评价"。

第二，要预测"明天的我"。这种预测，不是胡思乱想，而是在现有的基础上，对自己通过努力而产生变化的趋势分析。预计可能发生什么变化，以及变化可能达到的程度。这既是确定职业生涯目标的重要依据，也是制定实现目标的具体措施和安排的基础。要相信知识不够可以通过勤奋学习来补充；技能较差可以通过刻苦训练来提高；个性有弱点可以通过努力来改善。

通过了解"现在的我"，预测"明天的我"，细致、深刻、全面地了解自己，是提高职业生涯设计质量的基础。"知己"的核心是要找准优势、找出差距。找准优势，才能有信心，才能在今后的职业生涯中更好地"扬长"；找出差距，才能根据职业发展目标的要求提升自己，才能及时"补短"。

实践之窗

搭建职业发展的台阶

请你在学了本节后，根据阶段目标的特点和"四要素"列出自己的阶段目标。

用"可测量的、具体的、挑战的、渴望的、可行的、动态的"标准衡量一下自己设定的阶段目标，并和同学交流一下，集思广益，从他人的设计思路中得到启发，修订自己的阶段目标。

以下这个表格需要你用简洁的文字认真填写：

围绕近期目标补充发展条件			
近期目标：			
	近期目标的要求	自己的优势	自己的差距
道德水准			
行为习惯			
职业兴趣			
职业性格			
职业能力			
文化水平			
专业知识			
其他			

案例

目标对人生影响的跟踪调查

哈佛大学有一个非常著名的关于目标对人生影响的跟踪调查。调查的对象是一群智力、学历、环境等条件都差不多的大学毕业生。结果是这样的：27%的人，没有目标；60%的人，目标模糊；10%的人，有清晰但比较短期的目标；3%的人，有清晰而长远的目标。以后的25年，他们开始了自己的职业生涯。

25年后哈佛再次对这群学生进行了跟踪调查。结果是这样的：3%的人，25年间他们朝着一个方向不懈努力，几乎都成为社会各界的成功人士，其中不乏行业领袖、社会精英；10%的人，他们的短期目标不断地实现，成为各个领域中的专业人士，大都生活在社会的中上层；60%的人，他们安稳地生活与工作，但都没有什么特别的成绩，几乎都生活在社会的中下层；剩下27%的人，他们的生活没有目标，过得很不如意，并且常常抱怨他人，抱怨社会，抱怨这个"不肯给他们机会"的世界。

 案例分析

其实他们之间的差别仅仅在于：25年前，他们中的一些人知道自己到底要什么，

而另一些人则不清楚或不很清楚自己到底要什么。每个人只有找准自己的角色定位才能取得最大的成功，做自己喜欢的事情，做到极致，离成功就不远了。

第三节　制定发展措施

案例故事

选择最适合自己的职业

小陈，某制药厂研发部的骨干人员，每当聊起自己的选择，她十分庆幸自己的正确分析与选择。8年前，小陈从学校药学专业毕业。在校期间，她曾多次被评为三好生、连年获得奖学金，为了能找个好工作，在校期间她便开始收集职业信息，有政府公务员、医院药剂科、药厂研发、药品企业客户经理等岗位。在做出目标定位前，她仔细分析了自身情况。考虑到自己性格比较内向，人际交往能力不强，语言表达能力一般，但是学习成绩好，喜欢钻研，热爱药学专业等现实情况，她决定在医院药剂科工作岗位和药厂研发岗位进行选择，她探访了在这两个岗位工作的人员，与他们交流，在充分了解工作内容后，她选择了从事药厂研发的工作。小陈庆幸及早做好职业信息的收集，及早了解职业环境，最终选择了适合自己的职业。

 案例分析

找工作愈早准备愈好，适合自己的特点、有发展前景的工作就是好工作。

想一想:

1. 小陈是如何制定自己职业的发展措施的?
2. 选择最适合自己的职业对将来的发展有何意义?

一、制定发展措施的重要性

制定切实可行的发展措施对职业生涯发展具有十分重要的作用。措施指的是针对实际情况采取的处理办法。要实现发展目标，必须采取行动，必须制定实实在在的、针对性强的发展措施。如果没有行动，目标也只能停留在梦想阶段。职校学生要想实现自己的职业生涯发展目标，必须制定针对性的措施。

职业生涯发展"十要"

1. 要对现在从事的职业负责。

2. 要建立和谐融洽的人际关系。

3. 要优化你的交际技能。

4. 要善于发现变化并适应变化。

5. 要灵活，未来时代的工作者们可能要经常转换职业角色。

6. 要善于学用新技术。

7. 要舍得花钱、花时间学习各种指南性知识简介。

8. 要摒弃各种错误观念。

9. 事前要对就业单位多做摸底研究。

10. 要不断开拓进取、不断开发新技能。

二、措施制定的三要素

如果你非常渴望有一个成功的职业生涯，如果你有信心拥有一个成功的职业生涯，那么你就必须拿出针对性的计划，并以实际行动落实它们。

实现目标的措施有三个要素，即任务、标准和时间。根据"现在的我"与"明天的我"之间的差距制定的目标实际上就是任务。除了任务以外，还要有具体的执行标准。而第三个要素——时间，它的安排包括两个方面：一是目标实现的期限，也就是什么时候达到这个目标；二是任务完成的时间落实，也就是落实什么时间达到目标所采取的各项措施。

1. 任务

职业生涯是一个漫长的过程，贯穿一个人的一生。把职业生涯科学地划分为不同的阶段，明确每个阶段的任务，进一步制定执行措施，对更好地从事自己的职业、实现人生目标非常重要。

职业生涯初期，就是"从学校走上工作岗位"的过程，是人生事业发展的起点。一个人如何迈出职业生涯的第一步，直接关系到今后的成败。这一阶段的主要任务之一，就是在充分做好自我分析和内外环境分析的基础上，选择适合自己的职业，设定人生目标。

人在30~40岁这一阶段，是充分展现自己的才华、获得晋升、迅速发展事业之时。这一阶段的任务，除了发奋图强，展示才能，拓展事业以外，还要调整职业，修订目标。同时在这一阶段应当对自己、对环境有更清楚的了解，看一看自己选择的职业、路线以及人生目标是否符合现实，如有出入，就要尽快调整。

40~50 岁这一阶段是人生收获的季节，也是寻找时机大显身手的时期。对于到了这个年龄段却仍然一事无成、碌碌无为的人来说，这一阶段的任务是深刻思考自身原因和环境干扰。只有正确认识自己，找出原因，才能解决问题，把握今后的努力方向。这一阶段的另一个重要任务是继续充电。很多人在此阶段都会遇到知识更新问题，现代社会科学技术高速发展，知识更新的周期越来越短，如果不及时充电，就难以满足工作需要，甚至影响事业的发展。

50~60 岁是人生的转折期。人们在这一阶段无论是决定在事业上继续发展，还是准备退休，都将面临转折问题。由于医学的进步，生活水平的提高，很多人此时乃至以后的十几年，都能身体健康，继续工作，所以提前为自己布置任务十分重要。

2. 标准

措施的制定应该有明确标准，以便评价、检查，使自己随时掌握执行和进展情况，并为职业生涯设计的修正提供参考依据。

每个人对不同的任务都可以制定不同的标准，以便对照目标来衡量自己的进展。这个标准不一定是定量的，也不一定要很精确，但是必须明确、简单和合理。在标准的指引下，人们能够集中自己的注意力，向正确的方向前进，即使出现误差，也是在许可的范围内。

在制定衡量标准以后，人们必须及时衡量执行情况，以便作出必要的修正，保证自己走在正确的道路上，这样才能为圆满完成既定的任务奠定基础。

3. 时间

一个人的职业生涯具有不同的阶段和相应的任务，因此，职业生涯发展的措施就必须分解为若干个阶段，并划分到不同的时间段内完成。每一个时间段又有"起点" 和 "终点"，也就是"开始执行"和"完成任务"两个时间坐标。如果没有明确的时间规定，职业生涯的发展措施就会陷入空谈。

职业生涯发展的措施必须是具体的、可行的、针对性强的，这也是制定职业生涯发展措施的要领。"具体"强调的是可操作性，"可行"强调的是符合自身条件和外部环境，"针对性强"强调的是措施不但要直接指向目标，而且要指向本人与目标的差距。要体现实现目标的效益和效率，就必须制定具体、可行、针对性强的措施。

实际上，发展措施是指实现每个阶段目标分别采取的措施。因为每个阶段目标对职业生涯设计者要求不同，而且后一个目标要以前一个目标为基础，同时也是前一个目标的方向，所以在进行职业生涯设计的时候，针对每个阶段目标的措施，既要做到方向一致，又要做到有所区别，体现出实现各阶段目标的阶梯性以及措施的针对性。

三、实现近期目标的具体计划

各阶段目标的计划可以按"近细远粗"的思路安排，实现近期目标的计划要更为具体。在职业生涯设计过程中，最重要的阶段目标就是近期目标，即第一阶段目标，因此，职业生涯发展措施中最重要的措施就是针对近期目标的措施。而后几个阶段的措施，可能会因为本人或环境等各因素的变化发生改变和调整，所作的计划可以是描述措施类别、框架式的方案。实现近期目标的措施，则是马上执行的措施，所作的计划必须是易量化、有指标、可操作的。

职业生涯设计者应该在安排落实近期目标的计划时，再一次利用分析结果，特别是近期目标对从业者的具体要求与自身条件之间的差距，这也应该成为确定应对措施的主要依据。

在实现近期目标阶段，职业生涯设计者就应该根据自身条件与近期目标之间的差距，有针对性地实施措施。差距表现为以下几个方面：

现有职业能力即专业能力、方法能力、社会能力与职业要求之间的差距，现有知识、能力水准与职业资格标准之间的差距，目前的学业水平、现有学历与岗位要求之间的差距，本人经验、阅历与职业要求之间的差距，个性与职业要求之间的差距，个人品德素养与职业要求之间的差距，身体条件与职业要求之间的差距，为人处世与职业要求之间的差距，等等。

在安排发展措施时，职校学生要充分发挥自己的优势，使自己的长处在实现目标的过程中起到"领军作用"，以此激励自己不懈努力，实现目标，并同时带动弱势智能发展和短处改进，努力使自己与相应标准的差距得到弥补。

人与人之间具有差异性，近期奋斗目标也不尽相同，自身条件与近期目标之间的差距不可能完全一样，为实现近期目标所采取的措施也必然各有风格。千篇一律、千人一面、缺乏个性、空洞教条的措施，必然实效不高、作用不大，不能达到职业生涯设计者要达到的目的。因此，要根据自身的实际情况制定适合自己的措施。

职业生涯发展与就业创业

采访你的师兄、师姐或行业标兵，了解自己即将从事的职业及其所在行业的职业道德规范，了解遵循这些规范待人处事对个人职业生涯发展的作用。在发展措施中，补充有关养成良好职业道德的行为的内容以规范自己的行为。

对比近期目标与长期目标，看看现在自己与职业对从业者素质要求的差距，简单、扼要地设定弥补主要差距的措施。

在班内和同学们互相交流一下，看看对方制定的发展措施与自己的有什么不同。因为人与人的特点各异，所以千万不要盲从对方的发展措施，通过此次比较，你更应该为自己制定更加切实可行的发展措施。

第四单元　职业生涯发展与就业创业

在当前就业形势十分严峻的情况下，拥有一份理想的工作，无疑是莘莘学子梦寐以求的事。职校学生更应该变被动为主动，珍惜当前难得的就业机会，从而丰富自己的从业经验。经验就是财富。

当你有了经验和资金的积累，你不但可以求得满意的工作，还可以自己创业，自己当老板！

第一节　正确认识就业

案例

在民营企业也大有作为

小张和小周是学机电维修与管理专业的同校同学，来自同一个村子。毕业时，一家在省会城市的知名大企业吸引了他们，但这家企业没有适合机电专业的岗位。小张托关系进入这家企业，并庆幸自己有了衣食无忧的前程。小周决心学以致用，进了家乡规模小一点的民营企业，专业对口，能用自己的才能为家乡出一份力，成长空间大。3年后，凭着自己过硬的技术、踏实肯干的工作态度和良好的人际关系，小周被提拔为车间主任。两个人相遇，小张西装革履，小周身着工作服。小张拍拍小刘的肩膀说："向上走，在大城市舒服一点；向下走，在小庙里太苦喽！"

又过了几年，没有特长的小张终于被大企业裁员。他拿着招聘简章到一家公司登门求职，与小周不期而遇。原来小周所在的民营企业扩大规模、改制公司，小周被升任公司总经理。小周握着小张的手说："来吧，公司需要学机电专业的人。"

 **案例分析**

选择职业时向上走未必高枕无忧，向下走也能柳暗花明，职业价值观要符合实际，不能只顾眼前利益，首先应考虑那些有利于自身职业能力不断提高的岗位。

1. 小张为什么最终被淘汰了？

2. 小周的成功说明了什么？

一、职业生涯发展与就业观

正确的就业观对每一位求职者来说，都非常重要。是否拥有正确的就业观，在一定程度上决定了一个人的职业生涯目标能否顺利实现。那么，什么是就业观呢？所谓就业观，是指对职业选择的基本看法，包括自主择业观、竞争就业观、职业平等观和多种方式就业观。就业观对人们求职择业和就业准备有直接影响。树立正确的就业观有助于职校学生正确认识自我、认识市场；有助于职校学生在学习期间有目的地培养自己各方面的能力；有助于职校学生根据社会的需要及时地调整就业目标，减少求职过程中的压力和阻力。如果没有树立正确的就业观，势必造成择业、就业不能正确定位；势必造成自己看中的单位应聘不上，或者应聘上了却因不适应或不能胜任工作而被淘汰，几经挫折就会怨天尤人、自暴自弃。因此，职校学生必须树立正确的就业观。

那么，在新的就业环境中，职校学生应如何树立正确的就业观呢？为了能够在就业市场上找到立足之地，职校学生要摒弃传统的就业观，树立新形势下正确的就业观。具体来说，可以从以下几个方面努力：

第一，面对现实，客观地评价自己，设定合理的就业期望值。中等职业教育的目标就是培养有一定理论知识、技能水平的高素质劳动者。面对严峻的就业形势，职校学生就业时要冷静和理性——冷静地分析自己，理性地设定就业期望值。换句话说，在就业时要面对现实，客观地评价自己，切忌一味地追求白领，追求工作的稳定度，也不要过于渴望一就业就能够获得很高的薪酬。职校学生要审时度势，把握好就业期望值，这样才有利于职业发展。

第二，面对新的就业形势，要树立"从大处立一志，从小事做起""先就业、后择业"的就业观念。总体上讲，大部分毕业生在离开校园之前，其生活经历都是从学校到学校，毕业之前对社会知之甚少。要知道，社会与学校之间存在许多不同之处，在走向社会之时，要从基层做起，从平凡的小事做起，虚心向年长者、有经验者学习请教，在不断的积累过程中，一步步去实现自己的远大理想。另外，还要树立"先就业、后择业"的就业观念。在当前就业形势严峻的情况下，大部分中职毕业生的第一份工作也许并不是自己喜欢的工作，但这样的一份工作却可以减轻家庭经济负担，减轻个人压力，也可以尽快为自己积累社会经验，为以后选择自己喜欢的工作打下基础。

第三，有一个理念大家要了解：职业是社会分工的结果，没有高低贵贱之分。每种职业的存在都是社会的需要，缺少任何一种职业，社会都难以正常运转。我们在求职、就业过程中，既要考虑"我想干什么"，又要考虑"我能干什么"，还要考虑"市场需要什么"。从某种程度上说，只有顺利就业，才能解决生存问题，才能在实现自我价值的道路上一帆风顺。

第四，人才流动是实现人才增值的重要途径，应摒弃一步到位的就业观。通常来说，人才通过流动可以实现增值，就像商品通过流通实现增值一样。因此，在就业过程中，要克服求稳定、怕风险、一步到位的传统就业观念。当然，我们所说的人才流动并不是随便流动，而是有计划、有目的地流动。要顺利实现人才流动就要做好充分的知识、能力准备，只有这样才能实现流动的价值。

第五，在就业过程中，要敢于竞争、善于竞争。在当前社会主义市场经济条件下，一切都以市场为导向，要想成功就业就必须敢于竞争、善于竞争。在当前的就业形势下，职校学生有着自己的竞争优势：职校学生既掌握了一定的理论知识，又有一定的动手能力，就业期望值又没有大学生高，再加上越来越多的用人单位的择人标准已由过去的一味地追求高学历变得趋于理性，中职毕业生在求职中获得了一定的空间。因此，中职毕业生既要有忧患意识，又要充满信心。

总之，中职毕业生在就业过程中，只有克服传统就业观念的不足，努力培养适应新形势的就业观，才能成功地实现从学校走向社会的转变。

相关链接

职业生涯涉及"四择"

1. 择己所爱。从事一项你所喜欢的工作，工作本身就能给你一种满足感，你的职业生涯也会从此变得妙趣横生。兴趣是最好的老师，是成功之母。调查表明：兴趣与成功概率有着明显的正相关性。在设计自己的职业生涯时，务必要考虑自己的特点，珍惜自己的兴趣，择己所爱，选择自己所喜欢的职业。

2.择己所长。任何职业都要求从业者掌握一定的技能，具备一定的能力条件，而一个人一生中不可能将所有技能全部掌握。所以你必须在进行职业选择时择己所长，这样有利于发挥自己的优势。运用比较优势原理充分分析别人与自己，尽量选择冲突较少的优势行业。

3.择世所需。社会需求不断演化着，旧的需求不断消失，新的需求不断产生。昨天的抢手货或许今天会变得无人问津。所以在设计自己的职业生涯时，一定要分析社会需求以及变化趋势，择世所需。

4.择己所利。职业是个人谋生的手段，其目的在于追求个人幸福。所以你在择业时，首先考虑的是自己的预期收益——个人幸福最大化。明智地选择个人利益最大化的职业取向，从社会角度和个人意向中取舍，从而在由收入、社会地位等变量组成的函数中找出一个最大值。这就是你在选择职业生涯中的收益最大化原则。

二、就业形势与择业观

面对这样严峻的就业形势，树立正确的择业观就显得格外重要。正确的择业观在一定程度上可以帮助求职者做出很好的自我定位，最终在求职者顺利择业方面起到重要作用。但遗憾的是，目前，对许多即将踏入社会的毕业生来说，在择业观上依然存在一些误区，有些毕业生在择业目标上患"三高三低"症。所谓"三高三低"症，是指趋向于高薪水、高地位、高层次的工作，回避低待遇、低地位、低层次的工作。

在就业地域方面，许多毕业生只选择留在省会或大中城市。因为大中城市经济发展水平高，用人单位多，就业空间大，施展个人才能的机会多。小城镇特别是山区，社会经济发展相对落后，思想观念比较保守，缺乏发挥自己才能的环境和机遇，因而许多毕业生不愿到这些偏远小城镇和山区工作。在单位选择上，毕业生大都首选事业单位，然后是大中型国有企业等各种社保福利制度比较健全而且相对比较稳定的单位，其次才是规模较大经济效益好的非公有制企业。另外，仍然有部分毕业生，特别是女生，更青睐工作比较轻松、稳定，竞争不是很激烈的单位。在职业和岗位选择上，大部分毕业生愿意从事与自己所学专业相关的工作，以发挥自己的专业优势，注重个人才能的发挥与特长的施展，追求自我价值的实现，也希望获得较高的经济收入。不少毕业生更愿意从事中高层管理岗位的工作，只想在机关做管理性工作，不愿到车间、工地从事基层的事务性工作，特别是艰苦工作。这种择业观念在就业形势严峻的今天对择业形成很大的阻碍，影响毕业生顺利就业。据说，某中职院校在8个月内为1500余名毕业生寻找到2000余个就业岗位，但毕业生选择实现的就业岗位只有 1000 余个。剩余的 1000 余个就业岗位被白白浪费掉。可见并不是就业难，而是择业观念阻碍了毕业生成功就业。

相关链接

企业需求大量"灰领"人才

在当今人才市场中，"灰领"日益成为关键词。据专家介绍，"灰领"是指既能动脑又能动手，具有较高知识层次、较强操作能力的技能型人才。"灰领"兼有"白领"和"蓝领"的一些特征，又不完全是两者的叠加。与"白领"和"蓝领"相比，"灰领"是企业大量需要的实用型人才。

在择业过程中，每一位毕业生都希望找到一份称心如意的工作，这是人之常情，但是怎样才能实现这种愿望呢？ 这就需要正确认识自己，给自己准确定位。毕业生更多地考虑"我愿意干什么工作""我想拿多少钱"，而很少了解社会需求，很少用"我能干什么"的眼光全面地审视一下自己，因而陷入择业期望值过高的误区。

择业观对毕业生择业具有导向和动力作用。它支配着择业者对择业目标的期望、定位和选择，支配着择业者的择业行为。因此，正确的择业观能够指导毕业生对职业进行正确的评价、准确的定位、合理的选择。反之，错误的择业观将使毕业生对择业产生过高或过低的期望，影响准确定位和进行合理的选择。因而，树立正确的择业观是成功就业的重要因素。

当毕业生准备踏入社会时，首先，要将眼光从学校转移到整个社会，看看我们当前所面临的生存挑战，掌握整个社会的大趋势，这是做好自我定位的前提条件。其次，将目光聚焦于具体的问题——我们择业时面临的一些困惑。看清楚当前整个就业形势是怎样的，仔细思考我们该怎样在这种形势下去谋取一份工作，在寻找工作的过程中可能会面临哪些问题等。最后，也是最重要的一点，自己的命运自己把握，我们必须自己经营自己的一生。在认识社会、认识当前整个就业形势的前提下，要认清自我，认清自己的长处和不足，并将自己的长处和不足同整个社会、整个就业形势联系起来。然后，发展自己的长处，克服自己的缺点，不断地修正自己。

案例

就业要抓住机遇

蒋飞是某职业学校 2018 届建筑设备专业的学生，他学习成绩十分优异，专业技能也很突出。毕业时，一家外资企业看中了他，并决定与他签约。但是，蒋飞却犹豫不决，他觉得还可以努力争取到更好的单位，再等等看。最后，蒋飞还是放弃了这次机会，他认为凭借自己的实力能去更好的单位。在后来参加面试的过程中，蒋飞总是按第一个单位的待遇标准向新单位提要求，几个月下来，蒋飞并没发现有自己满意的单位。眼看着就要毕业了，他很郁闷，整天闷闷不乐。

 案例分析

同学们在毕业之际择业时，一定要抓住机遇，千万不要总是这山望着那山高，一味地挑肥拣瘦，到头来可能会两手空空，一事无成。

实践之窗

了解所在地就业形势，和你的同学一起走访当地的劳动部门或人力资源中心，了解一下近年来你所在区域的总体就业形势。

学了本节后，你也一定对自己的就业、择业有所考虑了吧？ 试着填写下表。

	学习前的想法	学习后的想法
就业		
择业		

第二节　做好就业准备

案例

改变带来了更广阔的天空

小王学的是电子技术应用，他性格内向、喜欢与物打交道，少言寡语，为人真诚，动手能力强，吃苦耐劳。毕业后在一家工厂与机器打交道，小王感到特别满意。可是好景不长，企业破产，他只好另谋职业。

　　小王顺利通过了一家外资企业的技能考核，成为一名外修技术员。但这份工作需要善于和陌生人打交道，不然就不能胜任工作。他除了在技术上尽快适应新岗位外，更加刻意地与别人交流，主动和陌生人交往。渐渐地小李的性格开朗起来，干劲更足了，加上他吃苦耐劳、责任心强，很快成为外修服务的骨干。

　　经过几年积累，已经富有冒险精神的小王，决定开办自己的公司。自己经营公司并不容易，但几经挫折，小王经受住了严峻考验，变得更加坚强。同学们看到性格变化后的小王这么能拼敢闯，纷纷加盟合作，促使公司向更好更广的方向发展。

 **案例分析**

　　在就业形势十分严峻的情况下，如果能先人一步，在学生时代就做好从"学校人"到"职业人"角色转换的准备，就能在就业后更快地适应职业生活，从容地应对不再单纯的社会环境，抢先在社会中站稳脚跟，更好、更快地在职业生涯的阶梯上攀登。

想一想：

　　小王的改变会对他将来的职业带来怎样的发展

一、由"学校人"到"职业人"角色的顺利转变

　　学生到职业人的过渡，不仅仅是角色的变化，更是工作环境、工作文化、生活作息规律、学习劳动纪律等有形和无形因素的变化。一些人在过渡时，没有认清这些外在条件的变化，没有对自己做有效的调整，导致不能顺利过渡或过渡时间较长。在告别学校、走向社会之后，职校学生将面临人生的一次飞跃，就是结束学生时代，开始职业生涯，从学校人转化为职业人。学校人和职业人是两个不同的角色，无论是权利、义务，还是规范都存在着极大的差异。职校学生应该利用各种社会实践活动，特别是毕业实习活动，有意识地完成人生道路上的重大角色转变，即从学校人到职业人的转换。

　　学生时代除靠父母的供养外，国家对教育亦有大量投入，学生周围的人群也通过自己的职业活动，为学生提供了众多方面的服务。学生的主要任务是学习，除了获取知识外，物质、精神生活的主要特点也是获取；当走上社会之后，我们就开始通过职业活动，在自己获得报酬的同时，为他人服务，为社会做贡献。顺利地完成从获取到贡献、从学校人到职业人的角色转换，这对每个职校学生迈好职业生涯第一步都非常重要。

在做好由"学校人"到"职业人"的角色转换时通过两步来完成，第一步，在学生时代就做好转换的心理准备。首先要注意在学校与职场之间的区别，不要把在学校的行为举止带到职场上去，首先要注意到自己的身份不同，活动的目的也不同，具备的权利和义务也不同，与人的相处模式和人际交往也不同，当然时间的长短也不一样，你生活的经济活动也不会相同。第二步，按照就业的程序，完成学生到职业人的过渡；在毕业前要了解到就业政策和就业环境，接受就业指导；准备求职材料和着装等，获取就业信息，参加考试、面试和实习活动，落实就业信息后并签订就业协议；毕业后离校办理工作报到证和个人档案等，并准时到单位报到上班； 在首次就业后，要结合岗位特点，在从业实践中锻炼自己的能力，顺利地完成角色的转换。第一步准备得越充分，第二步就越能缩短更多的时间，从而很快进入职业人角色，让自己的职业生涯有个良好的开端。

学生时代生活与职业生活截然不同，实现从学生到职业人的过渡必须转换角色。而职校学生在转换角色时基本上都是从父母老师爱心呵护的学生转变为理性的、现实的社会职业者。不能把学校、家庭、亲友给予的关心、呵护看作是他们理所应当做的，自己是理所应当享受的。要摆正自己的位置，客观冷静地进入职业状态，认识社会，了解工作环境，以自己的知识和能力去适应社会，进而成为一个合格的职业人。下面是职校学生由学校人向职业人角色转换的过程中必须重视的方面。

1. 个性导向向团队导向的转变

学校人之间的人际关系简单，任务单一，以完成学习任务为主。虽然在一个集体中生活，但学习活动主要由个人完成。在多种形式的学习活动中，学校鼓励学生发展自己，个性发展在学校教育中也受到重视。

职业人之间的人际关系复杂，任务多样，以完成职业任务为主。从宏观来看，在社会分工的条件下，任何职业活动的运行，都离不开与他人的协作，在为他人提供服务的过程中，也在接受他人的服务；从微观看，职业任务的完成不能只靠个人行为，而要靠众人的合力。现代企业十分重视团队精神，重视雇员之间的合作和企业的凝聚力。

只有在一个优秀的团队中，个人才能充分发挥作用并得到发展。具有团队精神，在团队中明确自己的位置，处理好同团队其他成员的关系，是职业人的重要特征。

因此，职校学生在校期间，应积极参加各项活动，有意识地培养集体主义精神，在实践中提高自己的团队意识。

2. 成长导向向责任导向的转变

学校人的主要任务是汲取知识，德、智、体、美等全面发展，是一个接受教育、储备知识、培养能力的成长过程。没有完成任务的后果，主要只涉及自身利益。

职业人是以特定的身份去履行自己的职责，依靠自己的本领为社会服务，完成社会分工中应尽的职责。如果职业人没有按职业要求履行责任，带来的后果影响会比较大，小则给企业带来损失，大则危害社会。

职校学生在校期间，应把每一项实验、实训当作真正的职业活动来完成，认真完成班级、学校交给的任务，有意识地培养自己的责任感。

3. 思维导向向行为导向的转变

学校人的学习活动以思维为主，主要特点是"想"。思维活动是用头脑去想、去记、去理解的活动。它主要表现在意识领域，允许"想"错。例如，考试答错题，最坏的结果也只是个不及格。

职业人的职业活动以行为为主，主要特点是"做"。有行为就有相应的结果，基本上不允许犯错误。例如，会计不慎开了一张空头支票，那么银行就要进行一定数额的罚款，这必然会给企业带来损失。

职校学生应在学习理论和实际训练时，严格要求自己，养成不允许自己出错的习惯，特别要珍惜社会实践、实训实习的机会，为思维导向向行为导向的转变做好铺垫。

4. 智力导向与品德导向的转变

学校人以学习为主，智力高、学习好的学生往往是人们心目中的佼佼者。

职业人以职业为主，企业效益的提高，虽然也依靠员工的智力，但更需要员工对企业的忠诚。效益的提高主要依靠员工之间的精诚合作，因此许多企业十分重视"做人"和"做事"的关系。

职校学生在校期间，不应重智育、轻德育，而应德智并重，在学习、生活中认真"做人"，为职业生涯的顺利起步做好准备。

案例

要积极主动地适应社会

小红毕业后找到了一份专业不太对口、也不太满意的工作，但因为工作本来就不好找，所以当单位同意录用她时，她就去上班了。可是到了工作岗位之后，她发现自己完全不能适应。

工作以来，她一直处于被动状态，首先她没能很好地安排工作时间，这都是在学校里养成的坏毛病；上班时，不是发微信，就是聊天，而和老板交流，和同事讨论问题时，她总是异常地紧张，有时领导在会上要求大家发言，轮到她时，她只是随便说几句或者说不出来，显得十分尴尬。有时候她实在是想放弃这份工作，可是担心如果换一家单位，还是会重蹈覆辙。

案例分析

工作后，在学习、工作和生活方面都会面临各种挑战，应了解自己的现实情况和社会环境，摆正自己的位置，应结合自己目前从事的工作岗位，积极主动地学习，尽早地去适应社会、融入社会，这是化被动为主动的必要手段。

二、适应社会、融入社会的准备

1. 在适应社会、融入社会的过程中让职业生涯得到发展

机遇总是青睐有准备的人，最好的职业并非是由最优秀的人选获取，却总是由准备最充分的人获得。在做好学校人到职业人角色转换的过程中，必须做好就业前的知识、能力、技能、体能和心理等方面的准备。

（1）知识准备

目前大中专院校以培养现代科技、管理等方面的应用型技术人才为目标，越来越重视应用型、实用型人才，在校期间在学好基础学科的同时，要重视创新知识和其他科技前沿知识的跟进，为将来学生就业走向岗位做好相应的准备。

（2）能力准备

个人能力由于环境、所受教育程度和自身努力程度不同而呈现出个体差异，能力大小直接影响事业的成败。职校学生在校期间既要努力学习并掌握科学知识，又要锻炼提高能力，增强综合素质，最关键的是将所学的知识转化为自身的能力和素质：在校期间要不断加强自律能力、自主学习的能力、自立自强的能力、实践操作能力、表达能力和人际交往能力等方面的锻炼。

（3）技能准备

大部分的职校学生在就业前就应当熟练掌握某一门或多门动手操作技术的能力，如模具专业的学生能制作或检测某种模具或其中某一部分，烹饪专业的学生则能熟练地切菜配菜，酒店服务专业的学生能熟练地摆台、叠花、铺床，等等。

（4）体能准备

广义上讲，是指人体适应外界环境的能力。德国人将之称为工作能力，法国人

称之为身体适性，日本人称之为体力，中国大部分称之为体能。包括与健康有关的健康体能和与运动有关的运动体能。

（5）心理准备

职校学生的择业过程是一个复杂的心理变化过程。面对严峻的就业形势，面对众多的竞争对手，要想获得择业的成功，没有充分的心理准备，没有良好的竞技状态是不行的。主要是要更新观念，打破传统的事事求稳、求顺的意识，不怕风险和挫折，并且客观地分析自己，合理地设计求职目标，给自己一个合理的定位，尽量减少挫折，增强求职的勇气，最大限度地减轻心理焦虑。因社会变化迅速，种种现象使学生在求职择业时感到焦虑、无奈和迷茫。要想有所作为，走出无奈，一定要正确地认识自己的求职地位，要转换角色，投入社会，了解社会，积极主动地去适应社会的需要，主动接受社会的选择。当今社会，挑战与机遇并存，失败与成功同在，只有在择业之初就树立强烈的自信心，敢于竞争，勇于竞争，才能在众多的求职者中脱颖而出。

一个人能否适应社会、融入社会，不但直接关系着求职就业的成功率，而且决定着职业生涯。而适应社会、融入社会的能力即社会能力，主要强调的是在职业活动中对社会的适应性，是职业能力的重要组成部分之一。社会能力包括交往和沟通、合作、自我控制、抗挫折等多方面能力。

职校学生即将结束学生时代转而走向社会，要想生存，就要通过工作来获取报酬。如果社会能力强，可能很快就会被领导、同事、顾客所认可和接受，反之，就可能遭到排斥和拒绝。

社会能力在一定程度上是做人的能力，社会能力的高低，不但反映了从业者情商水平的高低，而且反映了从业者的道德修养。人一生可能多次变换职业，但在从事每一种职业时都离不开社会能力，社会能力将伴随着从业者的一生。社会能力的大小，在很大程度上决定着一个人职业生涯能否成功。职业生涯会在社会能力提高的过程中得到发展。

案例

求职准备与策略

战国时代，齐威王与大臣田忌赛马，两人各出上、中、下三个等级的马，齐威王的三个等级的马都比田忌的马强，因此，田忌三战三败。后来，军事家孙膑给田忌出了个主意：以下等马对齐威王的上等马，以上等马对他的中等马，以中等马对他的下等马。结果，田忌一败二胜。同样的马匹，由于田忌改变了对策，从而实现了由败到胜的转变。

 案例分析

这个故事告诉我们，竞争中是要讲究策略和技巧的。求职择业是人生必经的一道门槛，毕业前后的择业过程也是每个同学生活的一个转折点。每个人都渴望去一个好的单位，只有充分发挥自己的知识和技能，提高求职技巧，才能求得一份理想的职业。

相关链接

职场发展注意事项

通过分析公司目标和战略来提高自己在公司的价值，然后推算如何为公司做出具体的贡献。

1. 一旦你对现在的工作驾轻就熟，就要申请新的任务或承担新的挑战，不断为自己设定新的目标。

2. 不要等别人对你的工作的评价，每隔三个月和你的主管面谈，直接听取他对你如何改进工作的建议，接受意见时心胸要开阔，要把它作为学习的机会。

3. 将你的成绩和进步记录下来，总结时就能对自己一目了然。

4. 学习新知识，与现在的科技保持同步。

5. 通过在单位的积极表现，增加你的知名度，使你成为核心成员，多帮助他人，使你更受大家欢迎。

6. 创造良好的人际关系。

7. 拥有创业者的决心，选择挑战最大的岗位。

8. 愿意重新定位考虑更远大的前景。如果你现在的定位不够成功，不妨观察一下你身边的其他机会，在家门口找机会比在遥远的地方更容易。所以搬到一个机会不多的地方去发展是不明智的，哪怕是为了一份好的工作。

2. 职校学生提高社会能力的基本途径

（1）在学习中训练提高

知识本身并不等同于能力，它是能力的基础，只有将知识运用于实践时才会成为能力，这需要有一个转化过程，这个转化过程的完成需要训练。通常学校安排的一些调查、试验、实习等实践类的课程，就是为了使学生将知识转化为能力，其中

也包括社会能力。职校学生在校期间，应当积极主动地完成这个转化。只有这样，才能在将来的工作中表现出自己的能力。

（2）在日常生活中训练提高

社会能力的提高要靠日常生活中的训练。平时就要注意训练自己的言行举止，争取给人留下良好的第一印象。

和同学发生矛盾时，要试着控制自己的不良情绪，久而久之控制力就会得到提高。有的同学可能平时只顾学习，不愿意承担社会工作。其实承担社会工作是训练组织能力和执行能力的良好方法。用人单位有时非常注重毕业生在学校期间担任过的职务，借此来评估职校学生的团队精神、组织能力和执行能力。

（3）在社会实践中锻炼提高

虽然在学校的生活中可以训练自己的一些能力，但学校生活是有一定局限性的。学校的人际关系比较简单，遇到的问题和矛盾也比较简单。因此，只有在社会实践中才能真正提高自己的社会能力。职校学生对社会的适应要积极主动，在校期间要多参加各种社会实践，这样才有利于社会能力的尽快提高。

三、求职的基本方法

1. 就业信息的搜集和分析

当我们即将从学校毕业准备投入社会之时，第一步就是要找一份工作。有人说，毕业临近，意味着踌躇满志的学子要在求职苦旅上"艰难跋涉"了。用"艰难跋涉"四个字，是因为我们要面临的是一种"千军万马挤独木桥"的现状。就业信息是毕业生求职择业的基础，是通往用人单位的桥梁，是择业决策的重要依据，更是顺利就业的可靠保证。谁能及早获得就业信息，谁就能获得求职的主动权；谁搜集的就业信息越广泛，求职的视野就会越宽广；谁搜集的就业信息质量越高，成功就业的把握性就越大。

搜集和掌握就业信息是求职的关键，信息越多，在求职中选择的自由度就越大。所以，聪明的求职者往往会通过各种途径广泛地搜集就业信息，为自己的择业奠定良好的基础。搜集就业信息的关键在于遵循正确的原则和掌握适当的方法。

第一步要明确搜集就业信息的原则，一般都是按照准确性和真实性、实用性和针对性、系统性和连续性、计划性和条理性的四大基本原则去搜集就业信息。根据这些原则去学会搜集就业信息。如果没能及时掌握这些信息，那就意味着我们在竞争的起点已经落后于他人了。一个人只有掌握了足够多的就业信息，才能不失时机地选择适合自己的职位，掌握自己的命运。

第二步，就是要掌握就业信息搜集的方法，最好能找到对自己最要用的就业信息。在当前这样一个信息社会，我们的周围充满了各种各样的信息，如就业政策、就业机构、经济发展形势、国民经济发展计划、职业结构的调整与变化形势、劳动用工制度、干部人事制度等，但是哪条就业对自己来说最具备优势呢？最适合自己呢？根据自己的信息来源，首先进行全方位的搜集，再按照一定的标准进行整理和筛选；或者根据自己选定的职业方向和求职范围搜集相关的就业信息；或者根据个人对某个或某区域的喜好来搜集就业信息，忽略职业方向和行业范围。此外，搜集就业信息时还应注意了解社会对人才需求的总趋势，把握搜集信息的方向，合理定位；树立竞争意识，锲而不舍，不等待，不依赖，主动地搜集需求的就业信息。

对于求职者来说，在求职过程中最关键的环节是得到及时有效的就业信息，从一定意义上讲，谁能拥有更多、更有效的就业信息，谁就能赢得择业的主动权。就业信息搜集的渠道很多，主要的有以下几种：

（1）学校毕业生就业指导中心。

（2）政府主管部门、就业指导机构及人才市场。

（3）毕业生双向选择、供需见面会。

（4）就业信息网站。

（5）新闻媒体。

（6）其他渠道。

根据一些学校就业指导部门调查显示：毕业生普遍认为找工作的最佳方式是社会人才市场（23.37%）、现场招聘会（22.85%）、父母亲友介绍（22.16%）；通过网络信息和学校推荐的方式也较为重要，各占 12.37% 和 10.82%。上门推销和报纸杂志等方式不被看好。

在收集到大量的职业信息之后，接下来要做的一个工作就是根据自己的实际需求，对收集到的信息进行整理与分析，使之更具有准确性、全面性和实效性，从而确定求职目标。看看自己所收集到的信息中，哪些是对自己有用的。把这些有用的信息筛选出来，分析这些信息的可靠性、准确性及真实性。毋庸讳言，有些信息的准确性是值得怀疑的，必须对其进行严格的鉴别。对那些虚假的信息要予以剔除，避免由于信息不准、不全而造成工作机会的丢失。我们在接受职业信息时，要避免偏听偏信，而应认真考察信息来源的可靠性。

相关链接

作为一名即将毕业的学生，你一定要学会鉴别就业信息的真伪与好坏。一般来说，一条比较好的就业信息包括以下要素：

（1）工作单位的全称、性质以及上级主管部门的名称。

（2）工作单位的实力、远景规划、在行业中以及在社会上的地位。

（3）对从业者的年龄、身高、形貌、体力等生理条件方面的要求。

（4）对从业者敬业精神、工作态度等方面的要求。

（5）对从业者的学历、职业技能和其他才能的特殊要求。

（6）对从业者的职业价值观、兴趣、气质等心理特征方面的要求。

（7）个人发展的机会、收入、福利条件等。

2. 制作求职材料

随着我国劳动力市场的不断完善，对每个求职者来说，撰写书面的求职材料已经成为求职的主要形式之一。许多用人单位在招聘时，也要求求职者先寄送求职材料，对求职者进行筛选，进一步确定考察对象。因此，写好求职书面材料在求职过程中变得越来越重要。一般来说，求职材料包括求职信、简历、毕业生推荐表等。

（1）如何写求职信

求职信也叫自荐信，它和简历一样，是求职者为获得面试机会而向招聘单位递交的一种表达自己求职意向的信函。求职信需要进一步表明求职者能为招聘单位做好什么，与其他的求职者有何不同，对行业和招聘单位有什么独特的见解等更为特别的信息。其意义在于帮助求职者推销自己，起到毛遂自荐的作用，求职信的好坏会很大程度地影响履历表的作用。一份好的求职信能为你赢得一个面试机会，但一份不好的求职信则会使履历表形同虚设。求职信和简历以及毕业生推荐表放在一起，如果利用好了，会很好地将求职者的素质能力表现出来。

目前，许多学生都喜欢在网上找一份求职信撰写模板，然后根据模板往里填充相关内容。参照模板来制作求职信固然好，但有一个问题，不同的人写出来的求职信在内容上都大同小异，没有特色，陷入一种为写求职信而写求职信的境地。其实，每个人都应该学会写体现自己个性的求职信。一般而言，求职信不必写得太长，因为谁也没有时间拜读你的长篇大论，你首先要表达明确的求职意向。这有两个好处，一是便于找到适合自己的具体的应聘岗位，二是给对方的工作带来方便；在求职信中表达明确的求职意向后，还要表达自己对招聘单位和应聘岗位的兴趣，重点介绍与应聘岗位有关的能力特征及实践经验或经历，突出你将为单位做出什么贡献。还可以列举自己的专长和曾经获得的成绩及荣誉，客观真实地反映自己的长处和才能，既不过于谦虚，也不要过于夸大，以增强自己对用人单位的真情实感和用人单位对自己的信任感；同时在写求职信的开始，一定要注意礼貌地称呼对方，在信的结束时表达自己期待招聘单位给予面试机会，并表示谢意。

求职信的作用与简历是不一样的，所以，许多简历中出现的具体内容不应在求职信中重复。简历告诉别人你的基本个人信息、你的经历和你的技能，而求职信告诉别人"为什么你是这份工作的最佳人选"。一份好的求职信应做到以下三点：

第一，自我介绍并说明写求职信的理由。求职信贵在简洁而清晰，切忌废话连篇、没有重点，也不要与他人的求职信大同小异、毫无特色。一份好的求职信，往往在一开头就能抓住读者的眼球。求职信不一定要用华丽的辞藻，只需得体而直接地说明你为何寄履历表，你对公司有兴趣并想担任他们空缺的职位。另外要说明你在这一行业的一些积累，说明你对这一行业非常感兴趣，或者你一直通过新闻了解公司或者这个行业。不过，需要记住的是，不要夸大其词，如果你对公司或者这一行业的叙述不正确，招聘者一眼就会看穿。当你要求担任公司空缺的职位时，说得越具体越好，要表现出自己的一些见解，说明自己是一个在这方面有想法的人。

第二，自我推荐。在简短地自我介绍并说明写求职信的理由之后，求职信的第二部分要简述自己的才能，特别是要说明这些才能将满足公司的需要。但没有必要具体陈述，因为简历将会对此作详细介绍。这部分应该强调你的才能和经验将会有益于公司的发展，要让人感到你想表达的是"我能为公司的发展做出什么贡献"，而不是我有多厉害、多优秀。

第三，表明态度。所谓的表明态度，是说信的结尾要表明你的下一步打算。不要让招聘者来决定，要自己采取行动。在信的结尾，告诉招聘者如何与你联络，比如打电话或者发电子邮件等，但不要坐等电话。所以，在信的结尾还要表明如果几天内等不到他们的电话，你会自己打电话确认招聘者已收到履历表和求职信并安排面试，语气要肯定和礼貌。

另外，一些应聘者会用一段话来解释履历表中模糊的地方，比如就业经历中没有工作的阶段等，这也是非常必要的。

相关链接

写求职信需做到以下几点：

1. 所写求职信有针对性；
2. 条理清楚；

3. 字迹工整；

4. 充满自信。

案例

求职信

尊敬的 ×××先生 / 女士：

您好！感谢您能在百忙之中阅读这份自荐材料。

我叫×××，××职业院校工程管理专业2019届专科毕业生，怀着对××集团公司的美好向往和对自己未来的无限憧憬，呈上此信，应聘贵公司施工员。

在校期间，本人一直注重学习专业知识，不断提高自身综合素质和自身竞争能力；自主性强，善于处理工作与学习的关系，一直担任学生干部。由于表现积极、成绩突出，多次获得省级、校级各种奖励，2017年1月加入中国共产党。具体表现为以下几个方面：

第一，有较强的团队精神和集体荣誉感。在校期间先后担任班长、社团部部长、校社团联合会主席等多个职务，工作认真负责，始终把集体荣誉放在首位；积极开展工作，和同学们相处融洽、精诚合作。

第二，有一定的策划组织和协调管理经验。在学校学生社团工作3年，勇于实践、开拓创新，策划组织了我校首届、第二届、第三届学生社团文化节；多次策划并积极主动参加各类志愿者服务、环境保护等社会公益活动；大学期间曾协调50多个校级社团开展各类文艺体育活动，有一定的组织管理经验。2018年12月，被评为省级优秀社团干部。

第三，有扎实的文字功底和文字工作能力。在《团讯》（校团委机关报）经过两年的锻炼，从一名记者做到责任编辑，参与出版报纸40余期；2018年11月担任《大学生就业指导报》（校就业工作机关报）主编至今，主持出版报纸25期，积累了丰富的文字工作经验。喜欢文学和创作，所写的文章多次在校内外刊物上发表。几年来，起草了大量应用文件，编写了20余万字小说集一部、散文数篇，曾荣获首届驻济高校文学社团征文特等奖。

第四，有丰富的学生社会实践经历。积极参与开辟学生社会实践基地，多次策划组织暑期社会实践。2020年暑假，在××市参加了受中央电视台、《×××晚报》等十几家媒体关注的"7元钱生存7天"异地生存体验，所写实践报告获得省级奖励；2017年暑假，带队党员大学生赴××暑期社会实践服务团，被评为"团中央重点团队"。

当然，本人也有缺点和不足，需要您的指正和培养。坚信您的选择是我成功的开始！

祝您工作顺利，愿××集团永远发达！

此致

敬礼！

自荐人：×××

2019 年 3 月

（2）如何写简历

很多招聘单位的人事部门负责人经常这样感慨，每天收到的求职简历很多，但100 份当中比较符合要求的大约只有 10 份。也有职业指导专家这样说，有种俗称"见光死"的求职简历，往往在招聘者手里不超过 5 秒就被扔进垃圾桶了，要使自己的求职简历吸引招聘者的眼球，就必须注意以下方面：

第一，求职目标要清晰明确。每一个求职者都希望自己的人事经理认真阅读自己的简历，不希望被当作废纸扔掉，唯一的办法就是在简历中陈述自己的求职目标，因为只有明确而具体的求职目标才能大大吸引招聘者的眼球。如果有些简历前没有一个明确的求职目标，应先对自己的专业能力、职业发展倾向及当前的就业市场进行分析后写些简历。否则，没有具体目标陈述的求职简历多半被枪毙。

第二，简历的内容要真实可靠。一般来说，简历内容包括个人基本信息、职业目标、教育背景、所受奖励、校园及课外活动、兼职工作经验、培训、实习及专业认证、兴趣特长等必不可少的内容。真实可靠的内容是设计求职简历的基本原则，一旦招聘单位发现求职者弄虚作假，即使才华非常出众也不会被录用，因为许多的招聘单位都把诚实视为职场第一重要品质。所以，求职简历一定要按实际情况填写，内容必须真实可靠，不要虚构日期和职务名称，任何虚假信息都是不可取的。

第三，突出自己的特长。招聘单位都希望录用一专多能，或具有某种显著特长的人。所以，求职者在写简历时一定要把特长写进去，它既可以为应聘增添优势，也可以增加被录用的机会，但在填写特长时一定要详细，越详细越好。同时，还要以相应的特长吸引人，招聘单位一般都希望被录用者具备一定的特长，且特长最好能与所应聘的岗位相符合。如应聘行政、人事管理类岗位，可突出自己在计算机应用、沟通、协调、组织等方面的能力；如应聘营销类职位可以突出自己的策划、社会活动、创新思维和口语表达等方面的能力。

第四，用业绩或事实说话。有很多的求职者在写求职简历时常犯的一种毛病，就是写得比较空洞笼统，不善于用业绩或事实说话。如表现自己"要求上进，严守纪律，成绩优秀""善于沟通或具有团队精神"等内容，若只有几行干巴巴的文字，无具体事例支撑，谁都可以这样写，当然也很难令用人单位信服。但是如举出具体事例说明自己曾经如何说服别人，如何与一位意见不同的人成功合作，才能说明你"善于沟通或具有团队精神"，这样才能给招聘单位留下深刻的印象。

第五，表现自信但不自夸。很多求职者的简历只包含了一些个人的基本信息，如我是谁，来自哪里，以前做过什么工作，或具有什么技能等，但却没有告诉招聘单位自己可以为他们做什么，所以常常遭遇闭门羹。其实，给很有希望录用自己的招聘单位展示一下自己的才能，并用工作经历证明可以为其做什么，这样会非常容易引起招聘单位的关注，进而成为招聘者眼中的明珠。前面谈到简历内容必须诚实可靠，但并不等于要将自己的一切弱项都写进去。如有的求职者在简历中这样写道："我刚刚走入社会，没有社会工作经验，愿意从事贵公司任何基层工作。"这就是过分谦虚了，会让招聘单位认为什么都适合，其实也就是什么职位都不合适。因此，简历要表现自信但不夸大，必要的时候应该回避自己的弱项。

 **案例分析**

简历的一个重要作用就是要使招聘单位对你产生注意和兴趣，或能够使人才交流中心或职业介绍所对你产生信任感和赞赏。如果你的简历被人看了后觉得平平淡淡，将它扔在一边，那么你将失去非常重要的面试机会。上述案例中的这位学生之所以成功，就在于他投放简历后，坚持而不放弃，从而获得了自己梦寐以求的职位。

（3）毕业生推荐表的填写

毕业生推荐表是学校为帮助毕业生就业，专门向用人单位出具的一份正式的推荐函。毕业生推荐表由学校发给毕业生填写，并附有各院（系）及学校学生就业指导服务中心的书面意见。作为一份由学校出具的书面材料，就业推荐表有较大的权威性和可靠性，因此每个毕业生都应该认真填写，做到字迹工整、清晰。

3. 笔试与面试

求职者向用人单位寄出自己的求职材料之后，如果用人单位有意向，就会给求职者打电话通知其进行笔试和面试。许多用人单位都喜欢先对求职者进行笔试，以了解求职者的知识结构以及工作能力。那么，如何准备笔试呢？

参加笔试以前，应对笔试的内容进行大体了解，一般情况下笔试的主要内容是基础知识和专业技能，其次是与专业和招聘职位有关的其他知识。笔试前要做好应试准备中以下方面：

第一，考前复习。复习学过的知识，这是笔试准备的重要方式。一般来说，笔试都有大体的复习范围，可以围绕这个范围进行准备。如国家公务员考试，一般都是《行政职业能力测试》和《申论》这两门必考科目，一些地方公务员考试还有《公共基础知识》。但是每一门考试科目都有复习范围和考试参考用书。

第二，增强信心。笔试怯场，大多是由于缺乏自信心所致。客观冷静地对自己进行正确评估，能克服自卑心理，增强自信心，求职的应聘考试与高考不同，招聘考试有很多的机会。

第三，临场准备。提前熟悉考场环境，掌握注意事项，有利于消除应试时的紧张心理。除携带必备的证件外，一些考试必备的文具也要准备齐全。考试前必须有良好的睡眠，才能保证考试时有充沛的精力和良好的竞技状态。

第四，科学答卷。拿到试卷后，应首先浏览一遍，了解题目的多少及试卷的难易程度，以便掌握答题深度和速度，然后按照先易后难的原则答题。要尽可能留出时间对容易出错的题目进行复查，特别不能漏题；卷面字迹力求清晰，若书写过于潦草，字迹难于辨认都会影响考试成绩；认真的态度，细致的作风，则会大大增加被录用的可能性。

此外，要保持良好的身心状态。临考前，一定要适当地减轻思想负担，保证充足的睡眠。可适当参加一些文体活动，使高度紧张的大脑得到放松，保证以充沛的精力参加考试。

如果求职者通过了笔试，那么接下来就要准备面试。面试是双方相互了解的过程，同时，也是与其他求职者竞争的过程。推销是一门艺术，求职也是一门艺术，求职实际上就是把自己推销给用人单位。为求得一份好的工作，应聘者主要应做好以下两方面的工作。

第一，求职者要做好面试前的各项准备工作。了解招聘单位的相关情况，如用人单位的历史、业务范围、规模、经营现状、文化氛围、发展前景、用人要求、岗位要求，面试风格与习惯等都是面试前要了解的情况；应试者要按照面试常规的提问范围做好答题准备，如面试前可准备一个简短的自我介绍的腹稿等；资料准备齐全，其他随身携带的物件都应有条理地整理好，此外面试前要将毕业证、身份证以及参加面试的相关证明材料带齐全，以备考官查看；出行准备，面试前不管选择哪种交通工具，都要确保有充分的时间到达面试地点。如果是电话通知的面试，一定要问清楚到达面试地点的线路，特别要问清楚到达招聘单位之后怎么找到面试的考场。如果在事先电话通知中，问清楚上述的情况，能收到事半功倍的效果，如果应试者考虑问题非常周到、全面，会给招聘单位留下好的印象；心理准备，面试前，要冷静下来客观地认识自己，树立自信心。在准确定位的情况下，要勇于接受挑战，沉着应试，相信自己通过努力，一定会达到预期的目标。此外，面试前要适当地放松，调节作息时间，充分保证睡眠和休息，保持良好的精神状态。

第二，求职者要掌握相关的面试应对技巧。语言应对技巧，在面试过程中，用人单位较为看重应试者的谈吐及表现，对形象气质比较重视，而非简历内容及编制。所以应试者要加强自身社交礼仪修养，提高与人沟通的能力，尤其是语言沟通技巧。口齿清晰，语言流利，文雅大方，语气平和，语调恰当，音量适中，语言含蓄，机智，幽默，这些方面的语言应对技巧都将提高应试者的竞争力。手势运用技巧，可以通过手势帮助自己表达意愿，比如想吸引主考官的注意力或强调重要内容，可以把食指和大拇指捏在一起，以示强调；又如在与主考官交流时，就可以采用双手交叉，身体略前倾的关注手势，关注对方的谈话，表示出你在聚精会神地听。由于面试成功与否关系到应试者的前途，故在面试前应试者往往容易产生紧张情绪，常常会出现因为过度紧张而导致面试失败的案例，应试者应该掌握一定的缓解情绪技巧，帮助自己调整情绪。

相关链接

面试时，如何保持平和的心境？

1. 认真做好准备，并相信自己已经做好准备。

2. 做应对最坏结果的设想。

3. 应该相信此时谁能控制自己的紧张心理，能得到最佳的发挥，谁就可能是赢家。

阅读感悟

求职时，避免过分张扬

王东是某中职学校 2021 届计算机网络专业的学生，他从小就喜欢电脑，所以从上初中时起就有了一个梦想——将来要到网络公司工作。学习中他一直为自己的梦想拼搏，除了学好学校安排的课程外，他还认真地学习了各种网页制作软件。到三年级时，他已经能够独立策划、设计、制作精美的网页了，同学们送给他一个绰号叫"网事通"。

毕业时，他为自己设计了精美的自荐书，并主动给心仪的网络公司打电话，希望获得面试的机会。有一天，一家网络公司打电话给他，让他去公司面试。他特别高兴。

第二天一大早，他就来到了这家网络公司，人力资源部的张经理接待了他。张经理让他介绍一下自己，王东早已做好了心理准备，就将自己这几年的学习成绩、专业技术等非常详细地描述了一遍，显示出超强的自信。

面试结束时，张经理让他回家等候消息，临走时他都没有忘记强调一下自己的能力。可是，他等呀等，张经理却再也没有给他打电话。

后来他才知道，张经理没有选择他是因为他在面试中太彰显自己了，而这家公司的理念是注重团队建设。王东的"口才"，使他自己错失了一次良机。

温馨提示

在应聘之前，首先要对用人单位的文化理念有所了解，应聘时，不要太过于突显自己，因为这样容易给招聘者留下自以为是的印象。现在的公司更看重团队精神，如果一味地强调自我，就有悖于公司的理念。最终就得不到公司的录用。

实践之窗

面试情景模拟

在班上和同学们模拟面试的情景。每人分别充当一次求职者和面试官的角色，看看大家哪些技巧运用得好，哪些地方有待改进。

1. 上网搜索一些有关自己所学专业的招聘信息，并打电话咨询一下招聘方的具体要求，争取亲身体验一次面试过程。（注意：要运用面试技巧）

2. 如果你去面试自己的一个理想职位，却没成功，心里肯定有一种受挫感。但在受挫之余，准备好如何应对下一个面试才是最重要的。试着分析自己受挫时的心理，争取把自己的心态在最短的时间内调整好。

3. 你认为对职业生涯发展最重要的社会能力有哪些？请把答案写在下表左侧表格中。并根据自己的实际情况，在下表中的强、中、弱中选一个画上√，然后填写训练措施。

重要的社会能力	强	中	弱	训练措施

案例

充分准备　应聘成功

　　小苏毕业后，参加过几次面试，都失败了。一天，学校打来电话说，某公司有一个岗位待聘，问他是否愿意前去试试。小苏欣然答应了，并在老师的指导下做了充分准备，终于顺利地走上了工作岗位。下面是小苏取得成功的经验：首先，我上网查阅了所有有关该公司的资料，包括该公司的工商信息、发展历史、现有规模、生产品种及各部门的人才需求等，对该公司的基本状况有了一个初步的了解，并了解了应聘岗位的职责和要求，牢牢地记在脑中。其次，找到该公司，以采购员的身份对其产品进行了详细的询问。在销售员的介绍中，掌握了该公司的产品价格、服务承诺、销售员的销售指标和提成比例等情况。而后，根据所掌握的情况，进行了分析研究。公司虽小，但很有发展前途。

　　在做了充分准备后，小苏自信满满地前去面试。在与主考官的交谈中，小苏的理念符合该公司的企业文化，多次赢得了主考官的点头认可，主考官非常满意，没过多久，小苏就收到了该公司的录用通知书。

案例分析

　　应聘前要认识自我，充分了解并做好准备。正是因为小苏查阅所有有关该公司的资料，该职业对应聘者的要求，该岗位的职责、发展前景等，才使得他成功应聘。

第三节　引导创业实践

用沙子玩出了过百万的年收入

创业玩沙子，结果玩出了过百万的年收入，很不可思议。然而它却在我们的生活中真实发生了，而它的主人公正是我们今天大学生创业成功案例的主角李艳妮。李艳妮，毕业于西北大学。李艳妮的丈夫何岩是西安美术学院毕业的。2016年，她与何岩参加宁夏沙湖第一届国际沙雕节。李艳妮当时就想："独一无二的沙雕作品无法长期保存，这是沙雕的魅力所在，但也是遗憾之处。但如果能把大沙雕缩小，使其坚硬牢固之后，制作成纪念品，这该有多好！"在和丈夫讨论后，他们认为这其中蕴藏着商机。于是决定实践这个想法。"刚开始在宁夏做。"李艳妮介绍："第一单生意只有20元，但那是我们的第一笔收入。"

2019年，李艳妮参加了陕西省大学生创业基地举办的培训班。随后，李艳妮按照有关陕西省人力资源与社会保障系统支持大学生创业贷款条件，一条条地要求和完善自己，最后她成功贷款40万元，有了创业资金的李艳妮开始快速将生意做大。迄今为止，公司接到的最大单子是60万元，李艳妮预计公司一年的营业额可以达到200万元。

 案例分析

作为创业人，需要具备乐观向上、自强不息的精神，李艳妮坚持不懈，在自己的人生道路上赢得了累累硕果，走出了一条自强之路。从她的事例中，我们可以得到一点启示：任何时候、任何人，要想成就一番事业，就必须有一颗坚强乐观的心。

一、创业的现实意义

1. 创业是职业生涯发展的飞跃

创业能充分显示一个人的人生价值，它既是一个人对社会、对自然、对生命的挑战，也是自强不息、勤劳勇敢地弘扬民族精神的体现，有助于人们更好地适应未来的生活及实现人生价值，还是实现职业理想、职业生涯飞跃的标志。

人作为"意志实体"，表现在能不能按照自己的意志支配时间上，生命是由时间去构成的，支配时间就是支配生命。把生命作为自己独立意志所支配的对象，自己做自己生命活动的主人，为自己认定的价值目标去奋斗，是理解人生价值的根本点。从这一观点出发，可以把人的潜质分外化为四个特点——自主，自律，自强，自立。自主是自己做主，把我自己作为一个主体存在，按自己的意志行事，走自己的路，做自己愿意做的事，按照自己的意志支配时间；自律是自我约束，服从自己选择的人生目标，有计划、有步骤地予以实施，吃苦耐劳不怕牺牲，求真务实追求效率，在对现存结论的怀疑中，在发现与探索中获得快乐与满足；自强是使自己强大，要把自己的事情做得最好，有挑战新目标的强烈愿望，愿望的背后是不满意现在的自我，要在转化人类智慧为自我力量中，去追求更强的自我；自立是人格的独立，崇尚靠自己的奋斗，靠真才实学独立于世，寻求发挥自己的能力的广阔空间，不喜欢同情与恩惠，喜欢公平竞争。

创业过程是不断强化和发展自主、自律、自强和自立这四个特质的过程。由此可见，敢不敢创业，能不能创业，是对一个人能力最客观的评价，是人生价值和个人能力的最佳体现。创业过程是不断提升自我、锻炼自我的过程，是不断学习、不断发展的过程。在创业过程中，个人的事业越来越宽阔、知识越来越丰富、能力越来越强，个人的发展得到了全方位的体现。

我国正处于社会主义初级阶段，市场经济体制的不断完善为越来越多的创业者提供了条件，有越来越多的人将自己的人生目标确立为创办企业，成为企业家。如果一个人在职业生涯中能够支配自己，甚至支配他人，而且这种支配是凭借自己已经积累的财富，而不是来自"上级"的任免，那么这无疑是职业生涯发展过程中一次质的飞跃。

这种飞跃，来源于自我挑战，也来自向社会和自然的挑战。创业是一个艰苦而困难的过程，创业者在创业时历尽磨难，在成功时又能尽情享受喜悦。成为一个肩负重任的创业者，是一个人在职业生涯中迈向新高峰的标志。

（1）创业是经济社会发展的需要

在我国，个体、私营等非公有制经济是社会主义市场经济的重要组成部分，对扩大就业、活跃市场、增加财政收入、推动经济发展具有重要作用，是促进社会生产力发展的重要力量。

近年来，国家倡导"开展创业教育，鼓励毕业生到中小企业、小城镇、农村就业或自主创业"，要求"工商、税务部门要研究制定优惠政策，适当减免有关税费，支持职业学校毕业生自主创业或从事个体经营，金融机构要为符合贷款条件的提供贷款"。

国家重视非公有制经济的发展，同时也重视青年创业。创业是经济社会发展的重要原动力之一。

创业是解决社会失业问题的有效手段。我国加入WTO之后，企业经营竞争的加剧给社会就业带来了一定的影响。同时，我国目前的改革进入了攻坚阶段，产业结构正在优化和调整，在这个过程中失业人口大量增加。而新世纪的经济是以现代化高科技为主导的经济，技术的发展必然会降低成本，提高效率，大企业所需要的劳动力会越来越少，而中小企业的发展随着社会需求的日益多样化会快速增长。

在这样的社会大环境下，除了继续保持较快的经济发展速度，提供更多的职业岗位，并大力增强职业教育与培养，向已有的职业岗位输送具备必需的职业资格的劳动者外，应大力提倡自主创业，特别是大中专毕业生自主创业，这样才能更快地为社会创造更多的就业岗位，解决更多的待业人员的就业难题。

创业是最积极的一种就业形势，是发挥劳动者自主性、能动性就业的重要途径，创业还具有更多就业的倍增效应，在我国劳动力供大于求矛盾长期存在，社会投资吸纳就业有限的情况下，弘扬劳动者的创业精神，依靠劳动者自主创业、自筹资金，自主经营，创造更多的就业机会，具有更重大的现实意义。

（2）创业鼓励竞争，有利于社会资源得到更加合理的配置

竞争力、科技和经营能力是一个企业生存与发展的关键。从行业发展的角度来讲，现有行业的经营格局会受到新创企业成功加入的影响。同时，行业经营的竞争状态可能加剧，造成优胜劣汰的局面。而竞争的加剧，有利于资源流入效率较高、经营良好的企业，也就有利于有限的社会资源更加合理地配置。相对较高的社会效益由此而产生，社会福利也得以增加，这都有利于促进中国社会主义市场经济的快速发展。

（3）创业伴随着创新，可以推动科学技术的进步和社会生产力的发展

我国经济结构正处于调整阶段，当前的重点是发展高新技术产业和升级改造传统产业。目前，我们的许多的专利技术都停留在纸上，没有转化成产品，没有转化成社会财富。我国的企业管理水平和技术水平都还处在较低的阶段，需要有志之士努力创业，大力提高企业竞争力的关键是人才开发和技术创新，特别是核心技术创新。我国还有许多的不发达的农村地区都还处于贫穷落后的状态，需要有人去带领他们走出困境，步入文明。这个过程需要大量的创业人士去帮助他们提高素质，为他们创造就业机会。新技术、新方法对全社会生产水平的提高有着不可替代的重要作用，对我国整体科技实力的提高有促进作用。社会的发展由于新创企业的成功被注入了新的活力，这也有利于促进社会生产力的发展。

案例

越努力越幸运

2018 年毕业于某专科院校导游服务专业的小江，现在已是一家商贸有限公司的总经理。

他是一个农民家的孩子，毕业时进入昆明某旅行社工作，上班第一天的任务就是去火车站门口发传单，为了能多学一些东西，他每天主动去办公室做打扫卫生、擦桌子、换茶水等不起眼的小事，勤跑腿，从不抱怨；还帮助老员工整理文案，并从中学习了一些旅游知识。他肯吃苦，脚踏实地，放低自己，怀揣着坚持就会成功的梦想，最终成为 20 名实习生中第一个被提拔的学生。2019 年他选择自主创业，开办了一家旅行社，主要负责游客的接待工作。后来生意越做越大，通过自己的努力，他很快就赚得了人生的第一桶金。2020 年由于疫情的原因，事业跌入了低谷，旅行社倒闭。但他没有退缩，安慰自己年轻还有机会，要及时调整，以积极阳光的心态从低谷中走出，一切从头再来。2021 年他开始涉足绿色食品行业，通过两年的学习及沉淀，在昆明开办了一家生态食品公司。基于他对旅游行业的丰富经验，2022 年又相继在丽江、腾冲等地开办绿色生态食品专卖店。他通过多年的坚持及努力，以及不断创新突破，成立了现在的商贸有限公司，现有在职员工 30 余人。

 **案例分析**

创业要肯吃苦，脚踏实地，以积极阳光的心态，不断创新突破，无论遇到多大困难，都不要抱怨，不要轻易放弃，要学会坚持，敢于担当，不断学习，不断提高自身的创新创造能力。

二、创业者的素质和能力

1. 创业意识

创业需要是创业活动的最初诱因和最初动力，如果没有创业的需要，就决不可能产生创业行为，也绝不可能形成更高层次的创业意识。但仅有创业需要，也不一定有创业行为，只有当创业需要上升为创业动机时，才能形成创业者竭力追求和获得最佳效果及优异成绩的心理动力。创业动机就是推动创业者从事创业实践活动所必需的积极的心理状态和动力。创业理想是创业意识的高级形式，是创业者向往和追求未来奋斗目标的，较为稳定和持久的心理品质，是人生理想的有机组成部分。有了创业理想、创业意识就有了具体明确的指向，创业行为就会充满朝气和活力，它能帮助人们克服一切困难和挫折，向着既定目标前进。自主创业是职校学生自立人生、实现理想的重要途径，强烈的创业需要是年青一代走向成熟的标志。目前大部分的毕业生，必须从充满浪漫幻想中走出来，有意识地用自己的双手去创造美好的生活。创业是艰辛的，市场竞争是十分激烈的，新一代的想自主创业的学生应该未雨绸缪，在校期间就要开始培养自己的创业意识。

2. 创业精神

创业精神和创业能力是学生自主创业的素质核心，是创业活动中起到关键作用的两大因素。创业精神是在创业活动中起动力和核心作用的意识倾向，它支配着创业者对创业实践活动的态度和行为，规定着行为的方向和强度。创业者在自主创业的过程中必须具备：充沛的精力和强烈的责任感；充满自信，敢于挑战风险；要有坚忍不拔的敬业精神；要有艰苦奋斗的进取精神和节俭守业的创业美德。

3. 创业能力

创业能力是一种社会性、实践性、综合性极强的创造力，直接影响着和制约着创业实践活动的进行，是创业实践活动赖以启动和运转的操作因素。作为创业者应具有以下方面的条件：综合知识结构、创新和策划能力、计划和组织能力、管理能力、应变能力和公关能力等。

（1）综合知识结构

作为创业者，需要良好的知识结构，既要懂管理学的知识，又要了解相应行业的科学技术知识；既要懂得市场，又要懂法律，还要了解人文和历史知识。在知识经济时代，创业需要复合的知识结构，主要包括两方面的内容：一是知识的广博性，二是知识的专业性。在这些众多的知识领域中，任何人都不可能通晓一切。创业者应根据自己的创业方向，设计自己的知识结构，强化综合运用知识的能力。

（2）创新和策划能力

创新能力是一种综合能力，与人们的知识、技能、经验、心态等有着密切的关系，具有广博的知识、扎实的专业基础、熟练的专业技能、丰富的实践经验、良好的心态的人容易形成创新能力。狭路相逢，智者胜，胜在策划。策划，作为创新思路，促进市场竞争奇迹的手段，作为科学的思维方法，作为企业竞争中最有力的新武器，对每一位创业者来说都是非常重要的。根据外在环境条件和市场行情，进行合理的策划，对创建企业是至关重要的。因此，创业者要尽早地培养自己的策划能力。

（3）计划和组织能力

凡事预则立，不预则废，计划给个人和工作部门提供了在以后活动中可以遵循的清晰图景。计划能力是指创业者根据外部经营环境和企业内部经营实际，在选定经营项目，确定企业发展方向和目标、企业发展战略等方面，预先决定恰当的安排能力。光有计划还不够，有了计划还需要把各种资源组合起来，以实现计划所确定的目标，这就是组织的任务。从公司创业的历史看往往是有了创业者的计划与组织才能使一个小型企业发展成一个大型的公司。

（4）管理能力

管理能力包括两个方面：一是管别人的能力；二是管自己的能力。作为一个创业者，必须团结一批人到自己的身边同自己一起奋斗，而且，必须知人善任，使其能够各尽所能。善于发现人才、培养人才和使用人才，充分调动员工的聪明才智和积极性，是知人善用的根本所在。

除了管理别人之外，创业者还要学会管理自己。创业者要有很高的道德自律性，能够严于律己。创业者自身应该做到：遵守和捍卫本企业所定的道德规范；强化本企业在业界的形象和声誉；永远以客户的需求为第一考虑；确实掌握生产和服务成本，获取合理利润；确保安全性和效率；远离法律与道德所谴责的行为。

（5）应变能力

当今的市场千变万化，有机遇也有挑战，有机会也有风险。因此，创业者要具备应变能力。要抓住机遇，规避风险，否则，一旦疏忽，企业就会受到损失。当遭遇风浪时，创业者要临危不乱、灵活应对，在风浪中站稳脚跟，不被风浪打倒。这样企业才能在这个瞬息万变的竞争社会中生存下来。

（6）公关能力

创业成功与否的条件之一在于自身的公关能力。也就是说，本身的知识结构与公关能力是否符合社会的需求，是否有能力发现自身知识结构的优势与社会需求的结合点是关键因素。个人的公关能力实际上是善于获得和利用社会支持的能力，有时候这种支持的重要性甚至超过经济上的支持。这就是为什么许多招聘单位特别看重应聘者社会活动能力的原因所在。

除此之外，创业者还需要具备其他能力，比如所创办的企业中主要职位所要求的从业能力，具备理解和接受与所办企业经营方向有关的新技术的能力，把能源、质量、环保、安全、经济、劳动等知识运用到本行业中去的能力。另外，创业者必须具备一般从业者应有的从事职业活动所需要的工作方法和学习方法，在此基础上又必须具有较强的信息接受和处理能力、经营能力、理财和融资能力。再如，创业者除了应该具有一般从业者融入社会、适应社会的能力，还必须具备不一般的人际交往能力、企业形象策划能力、公关能力、合作能力等。对照上面提到的各种能力，想一想你是否具备这些能力？如果你自认为不具备，那也不要轻易地否定自己。许多潜在的能力只有在你为创业付出努力、奋力拼搏的时候，才能被发现。职校学生应该充分利用在校时间，树立创业意识，培养创业精神，认识自我，提高能力，充分发现、挖掘自己的潜能，为今后的创业之路打好基础。

三、职校学生具备的创业优势

职校学生在知识、能力上，与同龄人相比，在创业方面具有独特的优势。

首先，职校学生接受了与经济社会发展有密切联系的职业教育，专业定向明确、具体；学习的课程，既具有专业性，面向某一职业群，优于只接受过基础教育的年轻人，又具有实践性，强调操作，优于侧重理论学习的本科生。

其次，职业教育强调能力本位，职校学生不但学习内容针对性强，具有一技之长，而且熟悉相应行业的职业道德和职业能力要求，在校学习期间已为适应这一行业付出了许多努力。在熟悉行业、适应行业的基础上创业，成功的概率就大得多。

最后，学校组织的社会实践、实训实习等活动，为职校学生更广泛地了解企业运作创造了条件。如果职校学生还能利用学生社团活动，利用课余和寒暑假打工，对提高自己的组织、协作、统筹能力将大有益处。

聚焦讨论

创业的路

小李同学，一位从农村走出来的同学，所学专业是城市轨道交通机电技术，在校创业两年，为学校师生电脑购买与维修带来了极大的便利，为校内同学创造了五十多个兼职岗位。

小李在班级里学习认真，积极上进，成绩一直很不错，对待老师交给他的任务非常负责，独立性很强。我了解到小李开始创业是从大二上学期开始，听他叙述是因为他有一次电脑系统崩溃，然后只能跑到 5 千米以外的城区才找到电脑维修店，况且维修价格很高，费时，费力，费钱，他觉得非常苦恼，心生想法，为何在学校不能有一家学生的电脑维修店。同时，恰好学校有一个创业团队招募的活动，他便积极地寻找志同道合的朋友。组建团队的过程非常顺利，他和同宿舍的几个同学说明了自己的想法之后，得到了室友的积极响应，纷纷表示没有问题。通过几个人筹备了第一笔资金三万块钱，于是他们快速地准备了材料，经过学校各个阶段的审核、路演，通过了审核，成功入驻了学校的校园创业园，之后便开始通过在网上各个论坛里自主实习电脑维修实操，通过两周的辛苦学习，小李凭着他对计算机的兴趣和爱好，很快上手了，先是在宿舍用自己的电脑做试验品，反复操作，寻找实操经验，掌握了一些技术之后他们几人快速在校内展开工作，先后多次做各种公益活动，在校园花园处摆摊位，免费帮老师、学生维修维护，保养电脑，做开了宣传。没多久，他们的网络科技有限责任公司就在校内小有名气了，在学校里备受学生好评，不仅方便了校内的学生和老师，还为电脑小白传输了很多基础常识。开始半年之后，他们在校内的工作室已经小有规模了，形成了一个有制度的工作室，通过招募勤工俭学的岗位，然后对新加入的同学培训技术，然后服务于各个学院的学生，不仅如此，这个小团队还肩负起了好几个学院的机房的维护任务，为学校也做出了不小的贡献。另外，在他们创业半年后，通过去寻找华硕的省级代理，得到了华硕官方授权，于是他们重新开始了一种新模式："电脑一站式"服务，从购买到售后，所有程序都可以在学校里实现，并且他们的模式非常便利，对于许多不懂怎样购买电脑的同学，他们积极地向同学们做推荐，传输一些选择电脑的知识，通过分析各个同学的专业，选择符合他们适合的笔记本电脑，况且在他们公司购买的电脑可以通过他们的技术团队免费安装各类软件，系统优化，维护保养，服务可以说是非常到位的，这样的一站式服务，解决了学校师生对于电脑购买维修这一空缺部分的短板。

 **案例分析**

在学校里创业，魄力和智慧，缺一不可，考验学生的独立思考能力和解决问题的能力，历练心智，走向成熟。为学生们走入社会奠定扎实的基础。

四、创业准备

如果在你的职业生涯设计中，创业是自己的奋斗目标之一，那么，你就应该提前进入角色，在校期间就准备当老板。通过这种角色定位，你自然而然就会逐渐成为一个有心人，时时处处都目标明确地学习各种知识，提高各方面的能力。不过，除了这种创业意识的树立、创业心理调适、创业能力训练之外，要为创业做准备，还应该注重以下的积累和准备。

1. 了解市场

所谓了解市场，主要包括两个方面：一是要了解一个企业在运作过程中需要与哪些行政管理部门、企业打交道；二是了解你想从事的行业的相关情况。

在确定创业方向之后，要做的准备就是尽快了解自己心仪的领域。我们所说的了解不仅是了解相关的专业知识和技能，更重要的是了解这一行业的经营管理特点、顾客需求特点、原料供给渠道、相关企业的经营管理现状、自己若进入这一领域可能面临的竞争对手等。

要熟悉自己心仪的领域，方法有四：一是在专业学习、实训和社会实践中注意收集相关信息；二是通过网络和各种媒介收集整理信息；三是到类似的企业进行考察，如果可能，就在这样的企业中实习，在实习过程中观察、学习；四是进行细致的市场调查。了解市场的过程，既为以后的创业打下基础，也是自己学习知识、提高能力的过程。

2. 企业构思

企业构思是对创业方向的总体构想。创业起步阶段，要注意小而精，切忌贪大求全。以下几点尤其应该注意：

① 仔细考虑自己的企业能为社会提供什么产品或者服务。有两点特别值得注意：一是自己的产品和服务能否吸引投资人的目光，得到青睐；二是这种产品或服务能否对目标顾客拥有吸引力。

② 仔细研究顾客定位。定位的目的是使自己的企业在开始经营之前就明确产品或服务的销售对象和目标市场。不同地区、不同职业、不同收入状况的顾客，有不同的消费水平和消费习惯。因此，在创业之初，准确定位非常重要。

3. 学习经营

无论你现在学习的是什么专业，如果你打算在市场的浪潮中创立自己的企业，就应该找时间看一些关于企业经营管理方面的书，最好提前到相同或相关企业打工或实习，从不同的角度了解老板及管理层人员的管理方式，看他们如何交际，了解他们对人、财、物的管理和使用等。另外，多阅读成功企业家的传记也特别有好处，我们可以从中学习他们的经营思想和经营策略。

4. 纺织网络

每个企业都有自己的"上家"和"下家"，即组织供应商、承包商、咨询专家、雇员以及顾客群。为了成功创业，创业者必须有一个服务于即将创办企业的个人关系网络。"天时、地利、人和"是企业成功的必要条件，创业者需要在社会环境中调动一切有利因素。一个企业需要得到各方面的帮助才能发展，广泛有效的社会关系是自主创业的保障。职校学生创业比起社会上其他创业者，欠缺的是广泛的社会关系，在竞争中，也常常会陷入不利地位。所以，编织自己的关系网络就显得尤为重要。

编织自己的关系网络，首先应该借助亲友、同学的网络，然后在此基础上编织更大的关系网络。建立了关系网络之后，还要精心维护自己的关系网络，切忌等到需要用人之时再去求人。平时打个电话、发个短信，赶上节假日用电子邮件发个贺卡，花费不多的精力、财力，就能让朋友们记得自己。

实践之窗

相信自己是一只雄鹰

要想成才，就必须经得起磨炼。创业过程是一个艰难的过程，是一个主动的过程，必须经得起磨炼。如果你心中有目标，就要相信自己一定会像雄鹰一样飞起来！趁着你还没有被塑造成型，先相信自己是一只雄鹰吧！

上网搜索一些企业家的人物传记和报道，他们当中有些人出身于平民百姓。了解他们的创业史，对职校学生的创业会有很大帮助。从他们的事迹中，要体会创业意识形成、创业心理调适、创业能力提高的方法，并学习他们的经营思想和经营策略。

采访本校已经毕业并创业成功的师兄、师姐，请他们谈谈创业的艰辛和创业成功的快乐。

根据创业者必备的心理素质，对"当前的你"进行自我诊断，并写出改进措施。

创业者应有的特点	自我诊断			改进措施
	强	中	弱	
独立				
合作				
果断				
克制				
坚韧				
适应性强				

下面有 15 个成功创业者的主要特点。用这些特点对照一下自己，看看平时要在哪些方面有意识地提高自己。

1. 知道个人和事业的目标。

2. 可以很快地完成一项任务。

3. 能够随着市场环境的变化很快改变方向。

4. 具有高度的责任心，能够对某件事的实施负责。

5. 能够独立工作并自己作出决定。

6. 不会因为有风险而被吓住。

7. 自如地面对不确定性。

8. 可以推销自己的想法和理念。

9. 身体健康。

10. 确定目标后会开始实现它。

11. 有家庭和朋友在背后支持。

12. 能够接受他人的批评，并从批评中学到有用的东西。

13. 能够挑选合适的人为自己工作。

14. 精力旺盛，充满热情。

15. 不浪费时间。

第五单元　职业生涯设计管理与调整

现在的你，已经确定好了职业生涯设计目标。如果你心中怀着那份执着，如果你不想让自己的人生留下遗憾，就请当好自己职业生涯的主人吧！

从现在起，管理和调整好自己的职业生涯设计，为你一生的发展奠定良好的基础。珍惜现在，才能成就美好的未来。

案例

化妆品点亮的人生路

李燕是某中职学校 2017 届精细化工专业的学生，她的职业生涯目标是成为化妆品行业的精英。她天生对化妆品精细化工有着浓厚的兴趣。在校期间，她一直努力学习化工专业基础知识、提升技能，并拓展化妆品开发和营销的知识面。她打算毕业后先进入一家小企业当技术员，然后转到有实力的化妆品公司工作，实现职业生涯发展目标。

为此，李燕在课堂上全神贯注地听讲；在实验室里，认真地做好每一个实验，并仔细观察每一个细节；实习期间，她爱岗敬业、勤于思考；实践活动课上，她眼勤手快、多思善问。有一次，学校组织全班同学到一家化妆品企业去参观，参观中李燕发现有一个员工正向容器里喷射着什么东西，于是她就问了个究竟，后来得知当室内温度超过 35 度时，杂菌产生二氧化碳会使产品发胀霉变，因此需要预先往容器里喷洒杀菌剂。后来，李燕经常通过这种方式，既弥补了课本上学不到的知识，又锻炼了与人打交道的能力。

毕业后，李燕的第一份工作就是在一家化妆品厂的实验室做技术员。她运用在校时学过的知识和实验时观察到的现象，发现厂里花高薪请来的专家配方中乳化剂量存在不足的现象，就与这位专家反复推算数据，令专家不得不感叹着说："真是后生可畏呀！"到了夏天，车间里气温升高，她想到了学生时代参观时所获得的知识，就向老板提出了使用杀菌剂的建议。由于表现出色，年终时她获得的奖金比本科生都多。李燕一直有自学的好习惯。她在工作后常常搜集资料、反复实验，自创了上百种化妆品，许多大客户纷纷签约订购。后来，她参股了一家化妆品公司，并担任了开发部经理，主管技术和市场。在学生时代就注重全面提高职业素质的她，在职业生涯的新台阶上如鱼得水，把公司业务做得红红火火。

> **想一想：**
>
> 1. 李燕在学生时代是怎样注重全面提高自己的职业素质的？
> 2. 李燕的职业生涯发展如鱼得水给你带来哪些启示？

 **案例分析**

职校学生在学校期间，不仅要学习专业基础知识和技术，更要全面提高自己的职业能力和职业素质。另外，在校期间要养成自学的习惯，为职业生涯的可持续发展奠定良好的基础。

第一节　职业生涯设计管理

一、落实职业生涯设计的各项措施

1. 凭借集体的力量规范自己的行为

集体是由许多人组成的有组织的整体。各成员之间不仅有着共同的目标、共同的利益和共同的活动，并且彼此之间联系密切，有着明确的组织任务。成员不仅要认识到集体活动对个人和本集体的意义，而且还要认识到它对组织、对整个社会的意义。在集体当中，成员之间是稳定合作和相互关爱的关系。正因为如此，只有依靠集体的力量，在同学的帮助下，你才能更好地规范自己的行为，才能更好地履行自己的职业生涯设计。

2. 加强职业生涯设计管理

职业生涯设计管理是对计划的实行、组织、指挥、协调和控制，高效率地完成既定目标。

对于职校学生来说，"实行"指的是学生时代发展计划的贯彻落实；"组织"

指的是以各种具体行动来推进计划的实施；"指挥"指的是按计划部署执行进度，并及时激励自己，强化必胜的信念；"协调"指的是处理好与同学、集体和社会的关系，从而形成良好的发展环境；"控制"是指掌控自己的时间，监督自己的活动，制约和矫正自己的行为。加强职业生涯设计的管理就是要从这五方面来落实，高效率地完成自己制定的发展目标，为职业生涯发展打好基础。

二、检视职业生涯设计执行实效

我们常常会有这样的体验：在做某件事情之前，总觉得自己的计划近乎完美，以为结果也应该在自己的掌控之中，但实际情况却往往不如人愿。比如，在舞台下看舞台上的演员在表演，觉得自己可以跟她们一样表演得轻松一样好，但是，等到我们站在舞台上时才发现，台上的感觉完全不是在台下能体会到的，因为有很多东西我们没有预料到，有很多情况不是当时的自己能掌控的，有许多东西是需要自己去调整的。职业生涯设计也是如此，当我们将它付诸实施的时候，会发现有很多因素我们没能考虑进去，有很多现实已经发生了改变。在这个时候，检查自己的职业生涯设计的执行实效就特别重要。职业生涯设计并不是制订好了就一劳永逸了。我们要在实践中对职业生涯设计进行评估，检查职业生涯设计的执行实效，然后根据实际情况进行适时调整。

检查职业生涯设计执行实效就是要看自己的职业生涯设计是不是取得了预期的效果，如果没有取得预期的效果，就要找到问题所在。通常来讲，如果我们制订的职业生涯设计没有取得预期效果，一般是由下面两方面的原因造成的：

一方面，没能按计划实施职业生涯设计。再美好的计划不付诸实施都是空话。假如经过检查，职业生涯设计没有取得预期效果是因为这方面的原因，那么，就要督促自己按计划实施。

另一方面，职业生涯设计本身出现问题。例如，职业生涯设计不切实际，或者制订职业生涯设计时所面对和估计到的现实环境发生了很大的变化。在这种情况下，就要调整职业生涯设计。找自己信得过的人，讨论自己的职业生涯设计，对职业生涯设计进行修改。

案例

督促，让自己进步得更快些

王艳是某职业学校 2018 级旅游专业的学生，自从进入中职学校，她就制定了自己从"地方导游"做起，两年后做"省内导游"，再过三年成为"国家导游"的职业生涯设计。在老师的建议下，她把考取"地方导游"证书的时间定在一年级暑假。在一年的时间，在努力学好专业知识的同时，还要自学与本地人文景点关系密切的历史，还要练好普通话。为此，王艳与同桌王倩互相约定、彼此督促。

王艳每次都对照计划检查自学历史的进度，都会感到任务紧、时间紧，学得十分辛苦，好几次都想偷点懒，但有同桌不断提醒督促让她一次又一次地战胜了困难，特别是回家说普通话，父母和邻居们都说她"打官腔"，她自己也感觉很为难。最后，当她把自己的学习计划告诉家人、亲友、街坊时，一年级学习结束后，她顺利地拿到了导游证，终于实现了她一年级的计划。

 **案例分析**

学会管理自己、控制自己，是职业生涯设计能够顺利实现的重要保证，也是职校学生必须掌握的一种技能。只有这样，你的人生才会有更大的发展。

三、珍惜校园生活，实现终身学习

1. 为职业演变奠定坚实的基础

随着科技进步、社会发展，职业也在不断地分化和演变，新职业、新技术、新工艺不断诞生，老职业、老技术、老工艺不断消亡。职业的演变速度呈逐渐加快趋势，而在科技进步促进下形成的生产力的飞跃，是导致职业分化和演变的根本原因。经济繁荣发展和人们生活水平的不断提高，使职业在生产方式、工作类型、服务内容上产生了一系列变化。

随着经济社会发展和科技进步，一个人一生只从事一种职业的可能性越来越小了。未来学家曾预测，21世纪人类的职业大约每过15年就要更新20%，而50年后，现存的大部分职业将寿终正寝，取而代之的是我们现在难以想象的职业。只有不断地学习新的知识和技能，我们才能在激烈的市场竞争中生存和发展。职校学生只有树立终身学习的观念，在校期间养成自学的好习惯，才能为职业生涯的可持续发展奠定良好的基础。

相关链接

每次科学技术革命都起源于某一两项具有根本性和强大的带动性的重大技术的突破，引发出新技术体系的建立和新产业的升级。

从总体科技领域来说，18世纪以来，人类社会经历了三次技术革命：以机械为主导的第一次技术革命，开始于 18 世纪 60 年代，其主要标志是纺织机的发明和蒸汽机的广泛应用；以电力为主导的第二次技术革命，发生于 19 世纪 70 年代，其主要标志是电力的广泛应用；以信息为主导的第三次技术革命，发生在 20 世纪 40 年代到 50 年代，其主要标志是电子计算机的诞生、原子能的利用、空间技术及合成材料的广泛应用。

2. 打好基础，需要强化时间观念

人的一生大概能有多少时间呢？即使你寿命达到 90 岁，人的一生也只有 32850 天，职业生涯也就 40 年，只有 14600 天。职校学生为职业生涯准备阶段的时间更短，三年，仅有 1095 天。人生是有限的，有志者应该珍惜自己的每一天。

制订一个落实措施的计划，可以防止自己浪费时间。时间是生命，生命的时钟就握在我们自己的手中，把握时间就是珍惜生命。职校学生要实现发展目标必须强化时间观念，从现在做起，尽早地规划自己的人生。要珍惜时间、善于利用时间，做好自己应该做的事情，做自己时间和生命的主人。

链接

宠物美容行业分析

2020 年中国宠物行业的市场总体消费规模达到了 2000 亿元，预计到 2025 年宠物市场规模将超 3000 亿元，中国宠物行业在 2017—2020 年期间将保持年均 2.5% 的高增速发展。

1. 中国宠物美容行业及宠物美容师队伍发展现状。根据市场调查，目前，国内从事宠物行业的宠物美容师仅有千余人。其中，70% 左右的宠物美容师没有经过严格的培训，并无职业资格证书；15%~20% 的宠物美容师经过了严格培训，并取得了职业资格证书；10% 左右的宠物美容师经过了一般的培训，取得了地方或学校发放的结业证书。对于我国宠物行业来说，宠物美容才刚刚起步，还需要大力发展，并需进行行业规范。

2. 国外宠物美容师行业发展特点。国外宠物美容行业发展早，应运而生的宠物美容师的发展也早于国内。国外宠物美容师行业已形成规模，并有完善的美容师级别考核、美容师培训、美容师管理等制度。美容已经成为国外宠物行业一个必不可缺的服务项目，美容师更是在行业内建立了横向、纵向的联系。

3. 宠物美容师市场前景分析：首先，根据北京市相关部门数字统计，仅北京犬只的拥有量就不下 70 万只，从北京犬只的拥有数量上可以预见宠物美容市场的需求量。

其次，随着国内宠物饲养法规的逐步完善，宠物美容也将出台相应的法律、法规，培训宠物美容师及宠物美容师再培训，宠物美容师的持证上岗是宠物美容行业发展的必然趋势。最后，宠物美容师行业已成为宠物行业内的支柱性服务行业。"心有多大，舞台就有多大。"环境分析主要是让我们认识和理解职业生涯设计的外部环境对职业发展的要求、影响及作用，分析各种环境因素对职业生涯发展的影响。

案例

明日复明日

李兵是某职业学校机械制造专业的学生，上一年级时，他能够严格要求自己，科学有效地利用时间，所以，成绩优秀，深受师生好评。但是随着时间的推移，他认为在学校时间很"多"，毕业时学校又负责推荐工作，自己何必搞得那么辛苦。于是他今天与老乡聚会，明天约同学相聚聊天，还迷恋上了"网吧"。学习成绩急剧下滑，时常出现违规违纪现象，他总觉得时间多，明天再做都不会迟。就这样，明日复明日，混到了毕业。这时的他成绩很差，没有一个招聘单位看得上他。看着同班同学一个个找到满意的工作，他的心情沮丧到了极点，后悔自己当初不应该那么浪费时间。

 案例分析

职校学生在校期间，一定要为自己的职业生涯发展打下良好的基础，如果不珍惜在校时间，不好好学习，将来就会被飞速发展的时代所淘汰。

实践之窗

珍惜时间

在班上讨论，看同学中最珍惜时间的是谁，他（她）又是如何安排自己的时间的。

上网或去图书馆搜集有关时间的名言名句，选择几句印象最深刻的，并思考它的内涵。

"世界上最快而又最慢，最长而又最短，最平凡而又最珍贵，最易被忽略而又最令人后悔的就是时间"，你对高尔基的这句话是如何理解的？

【交流互动】

班上分组讨论，并举例说明在职业学校中所学习的公共课、专业课对职业生涯可持续发展的作用。

讨论：职校学生要想有一个成功的职业生涯，除了需要在学校里学好公共课、专业课外，还应该如何做？

讨论：有了计算机后，又出现了哪些新的职业？ 计算机的出现使哪些原有职业的技术发生了变化？

第二节　职业生涯设计调整

案例故事

梦想转变，人生照样精彩

陈兰兰是某中职学校 2004 级商务英语专业的学生，在校期间，她学习一直很努力，练就了一口流利的英语口语，是老师的宠儿，同学心中佩服的对象。可谁也没有想到，毕业后，她居然当起了售货员，这和一般同学的理想差得太远了，有点不可思议。

在校三年，她努力学习英语，随时随地都挂着 MP3，不是听音乐，而是在练自己的英语听力。二年级时，学校举行一年一度的英语演讲大赛，她一举夺魁。站在领奖台上的她，激动万分，心中畅想着自己的美好未来：当翻译，成为著名的翻译家。可现在，她却当了售货员，实在令人费解。

这是为什么呢？原来在临近毕业时，陈兰兰家里遭遇父母双双下岗，家里出现了前所未有的困境。为了分担家中出现的困难，陈兰兰去了一家闹市区的大商场就业。那是个外国商人、游客进出比较多的地方，一来可以迅速就业以缓解家中的困难，二来还可以更好地学习英语口语，提升交流沟通能力。一天，一个澳大利亚顾客到相邻柜台买皮质拉杆箱。售货员阿姨一脸尴尬，因为语言不通，沮丧的外国顾客正打算离开时，陈兰兰走了过去，用流利的英语与那位外国游客进行了交流，了解了他的需求，不仅帮助阿姨解了围，还成功销售了拉杆箱。在此之后，到陈兰兰这里买衣服的外国顾客越来越多，一口流利的英语口语使陈兰兰的销售十分红火，她也意识到当一名售货员其实并不屈才。

陈兰兰的表哥在服装城租了个摊位经营服装，她常利用业余时间去帮忙。服装城主要经营具有中国特色的丝绸、服装，顾客中外国人很多。陈兰兰流利的英语正好派上了用场，聪明好学的她在校学习时，就积累了不少国外的风土人情、宗教信仰知识，在帮表哥卖服装时，她又重点了解了来服装城消费的来自其他国家顾客的消费心理，服装流行趋势，并产生了自主创业的想法。

陈兰兰为了实现自己的想法，她自学经营理论，不断将所学知识运用到实践中、工作中，随着经验的积累，经过反复考察、精心准备，她在服装城开了自己的服装店，主营外国顾客青睐的中国品牌服装。流利的英语口语、适销对路的服装，加之诚信和务实的经营，她的服装店很快就在顾客中有了很好的口碑。这时，她抓住有利时机把服装批发也纳入了经营范围，营业额蒸蒸日上。

谈及自己的未来，陈兰兰自信地说："我相信未来的一天，我一定会凭借自己的优势把店面做强、做大，并且凭借这个窗口，让更多的外国人了解中国，了解中国的服饰文化，让富有中国特色的服饰走向世界！"

想一想：

1. 陈兰兰当上一名售货员纯属偶然吗？ 为什么她最后选择当售货员？
2. 陈兰兰最后职业生涯发展目标的实现说明了什么？

人生启迪

从业者的职业生涯发展目标的实现受主客观条件的限制。外部条件的变化，既能给个人的发展带来挑战，同时又是很好的机遇。每个从业者都必须正视现实，勇敢地面对发展中的挑战。职校学生应善于抓住机遇，不失时机地调整自己的发展目标，并根据新目标有的放矢地提高自己，主动适应外部条件的变化。

一、调整职业生涯设计的必要性

俗话说："计划赶不上变化。"尤其是在现代职业领域，只有变化是永恒的主题。整个职业生涯目标要在实践中去检验，而影响职业生涯目标实现的因素很多。远到社会经济发展、科学技术的飞跃、政治形势的突变、国家政策的调整、法律制度的调整，近到所在企业组织的制度调整、领导人事更换、产品方向调整，乃至个人家庭、健康、能力水平的变化，无不影响个人职业生活的发展，一些变化常常令人束手无策，并直接影响到个人职业生涯设计的执行过程和结果。人生不能重来，先前规划的不完整，对自我和环境的认识不全面、未能坚持规划、策略方案的失误、未能带动全部力量……所有的这些失误都可能导致预期目标的流产。这就要求我们自觉地总结经验和教训，不断修正策略，不断地对职业生涯目标根据变化的因素进行适时调整。

为了适应社会变化，在职业生涯的每个阶段都必须思考"我将要做什么""我下一步将要做什么"，以及"你正在做的是最想做的事吗？""你真的适合做这个职业吗？""你能如期完成既定目标吗？""是否将重心放在最重要的地方？"等问题。对于自己的短期规划，宜在每一个规划阶段进行一次系统而全面的评估和调整规划。调整规划是让自己的规划更适合自己，也更适合社会，而不是轻易地放弃自己的追求。千万不能因为外界变化而丧失信心、自暴自弃、放弃追求。调整职业生涯设计，应该遵循以下步骤：量己力、衡外情、选策略、重实践、善反省和再出发。

职业及其所在行业会存在很多变化。新工艺、新技术在生产中的广泛运用和推广，是科学进步的重要标志，也是职业及其所在行业发生变化的原因。新技术的运用和新工艺的推广，设备更新、任务和职责的变化都会使就业岗位对从业者的要求发生变化。所有技术、工艺的更新和进步，都会导致两种可能：一种可能是从业者通过自己的努力适应了职业的变化；另一种可能是技术、工艺的革新不符合人的发展目标而导致职业流动。职业的变化往往需要一个适应过程。然而，在这个适应过程中，有些从业者会发现自己通过努力也很难适应变化，或是变化的职业及其所在行业不符合自己的追求和理想，从业者会在这种情况下主动转变职业发展方向。

环境因素也会带来变化。这里所说的环境变化，主要指的是从业者所处的组织环境、政治环境、社会环境和经济环境的变化。举例来说，组织环境中包括上下级关系、同事间的人际关系以及从业者所在单位的组织结构等诸多因素，这些都是影响职业生涯发展的重要的外部环境。

个人因素也会带来变化。在职业生活中，每个人都会有变化，既包括技能、知识、阅历、经验，也包括能力、性格、兴趣，还包括经济状况、家庭条件等等。所有这些变化不但会影响到阶段目标甚至发展目标的修正，还会在一定程度上影响到发展措施的调整。

从业者在人生的各个阶段，都应该衡量自己的分量，并分析自己所追求的目标及其价值。很多人都会以为自己对本人、对外界变化有足够的了解，但事实上许多不成功的职业生涯设计都源于对自己、对外界变化的疏忽和错误认识。职业生涯设计的实质，是要通过对以往成长经验的反省，审视和检查自己的价值，这样才能适应内部条件和外部环境的变化。

二、调整职业生涯设计的时机

对于职校学生而言，调整职业生涯设计有两个最佳时期，分别是：毕业前夕——有了求职的实践，根据新的就业信息和供求关系，以及求职过程对自身条件的检验，在求职过程中进行调整；工作 3~5 年时——有了从业的实践，根据周围环境和自身素质的变化，根据从业过程中对自身素质的检验，在职业转换过程中予以调整。这两次调整，既是对近期目标的调整，也是远期目标或职业生涯发展路线的调整。

在上面提到的两个职业生涯调整最佳时期里，职校学生经常会感觉在校期间所制订的职业生涯设计与实际有一定距离，甚至相差甚远。产生这种感觉的原因主要有三个：一是在进行职业生涯设计时，对实际了解得不够；二是本人和环境都有了比较大的变化；三是自己还没有完成从"学校人"到"社会人"的角色转换。倘若是因为前两个原因，就应该认真调整职业生涯设计；如果是因为第三个原因，也就是规划并没有脱离实际，而是自己没能及时完成角色转换，就应该先加快步伐来适应社会，加快速度完成角色转变，之后再考虑是否有调整设计的必要。

职校学生进行职业生涯设计调整的原因主要有三个：一是职校学生刚刚步入社会，很难在短期内找到十分适合自己的工作且又有兴趣的工作，再加上第一次上岗的从业实践，不能按照现在岗位对从业者的要求调整自己，也就是无法做到人职匹配，很难在现有岗位上得到发展；二是因为毕业生面对的是千变万化的职场，需要真正通过实践检验自己到底适合干什么，不适合干什么，在校时设计的职业生涯设计，毕竟是以"学校人"的身份看世界，对职业发展目标是否符合自己缺乏实践检验；三是因为从业者已经有了从业经历，对自己、对人生、对社会有了切身体验和更深的认识，对职业生涯发展目标有了新的追求。

阅读感悟

抓住时机，成就自己

王超是某中职学校 2005 届计算机应用专业的学生，来自太行山脚下的一个农村家庭。毕业后，他为了尽快减轻家里的负担，就先来到一家电脑公司做销售。他的计划是尽快积累一些经商经验，攒钱开一家电脑代销点。可天有不测风云，他进入该公司不久，该公司就因为经营不善，陷入困境，导致他的收入大减，原计划受到了很大的冲击。

在校期间，王超就养成了在网上关注经济发展趋势的习惯。上网浏览经济信息时他发现本地葡萄苗木十分紧俏，卖一捆葡萄苗比卖一台电脑还容易。为此，他通过网络"恶补"繁育葡萄苗木的有关知识，并到繁育地进行了考察，而后下定决心辞职回乡承包了家乡的荒山坡。这一转向，并没有给他带来好的收益，市场将很快达到饱和。

通过在网上浏览经济信息，他发现城市对绿化树种的需要量既大又持久，而且邻县有一大片盐碱地，正在网上招标改造，这对他来说真是再好不过的机会了。已在栽培葡萄苗上有了一些经验的王超找专家论证了盐碱地种杨树之类的绿化树种的可行性。一切考察好后，他找人合伙承包了盐碱地，栽种了杨树苗，杨树改良土壤，且容易成活，杨树长得特别好。不久国家出台了"退耕还林"的政策，在此基础上，他扩大了栽种树木的基地，王超得到了国家的补贴。现在他管辖的林业面积已经达到了两万亩。

王超现在已经拥有一家以林业为主导的农业集团，在他的集团下有兽药、林业、饮料等六家公司。

 **温馨提示**

一个人养成一个好的习惯，尤其是那些可以给自己的生活带来信息或改变的习惯，对个人职业生涯设计的发展非常有利。养成关注区域经济动态的习惯，并审时度势地调整发展目标，抓住机会乘势而上，才能在竞争激烈的职场中成就一番事业。

职校学生职业生涯前五年的主要任务是：要么在职业实践中，发现规划与实际相差甚远，此时就应该重新审视自己，重新分析发展环境，在实事求是认识自己和通过实践检验的基础上，对发展目标进行修正，甚至调整发展方向；要么坚持已有的发展方向，调整自我，提升自我，适应职业，在本行内站稳脚跟并开始晋升。

（1）工作第一年——初入职场，适应社会。告别校园，工作第一年的首要任务就是如何由学生转型为独立的职业人。职场新人首先必须克服个人想象与社会、公司实际情况的落差所带来的不安全感，这样才能适应企业环境，掌握工作的程序和规则；在听从上司、同事的指导的同时，获得公司及他人的认可。第一年的经历就好比化蛹为蝶的历练，心路发展过程是艰辛的，但前途是光明的。

（2）工作第三年——明确定位或转换职业。工作若干年后，从业者会成为"术业有专攻"的职业人，应该在公司内部找到成为某一方面专才的定位。职业院校毕业生在选择第一份工作时，往往会有偶然性与盲目性；但在工作两三年之后，从业者应该能根据自我认识、发展潜能重新评估自己的职业方向与目标。在这一阶段，如果从业者发现当前的职业不适合自己，或者自己对现有的工作没有兴趣，应该尽快改变方向，重新设定目标。

（3）工作第五年——职务晋升或调整方向。在进行了几年的职业活动之后，从业者可能会进入管理岗位，迈出向管理方向发展的第一步。根据对成功经理人的调查，我们可以发现，绝大多数成功经理人的职业生涯轨迹呈现为：2~4 年处于基层职位，5~6 年初任主管，7~9 年担任经理或高级经理，10~12 年任总监或副总，13~20 年坐上总经理的位置。但同时，调查结果又显示，大多数的职业人在从业第五年，会发现自己不适合扮演管理角色。这时，就应该确立向一名专业技术人员发展的方向。

如果是在一个公司内调动工作岗位，职业生涯发展路线就有三种选择：第一种是纵向发展，也就是职务等级由低级到高级的提升；第二种是横向发展，也就是在同一层次不同职务之间的调动，比如说部门经理调到办公室主任，这种横向发展可以发现工作与自身才能的最佳结合点，同时又可以积累各方面的经验，创造更加有利的条件，以便日后的发展；第三种是向核心方向发展，也就是虽然职务没有晋升，但是业务能力、技术水平和工作经验有了提升，在业务上负担了更多的责任。事实上，前两种选择是沿着管理路线发展，第三种是沿着专业路线发展。

1. 重新认识自我

进行自我条件剖析是通过回答"我能干什么""应该怎么干"的自我审视，掌握个人条件的变化及其在职业实践中检验的结果。

在调整职业生涯设计阶段，对自我条件的剖析不同于第一次进行职业生涯设计时的"分析发展条件"。二者的不同之处主要体现在以下两个方面。

（1）重新进行自我条件剖析，是在进行职业活动实践检验的基础上完成的，也就是已经对原有目标有了不满意的地方。学生时代的发展条件分析，大多数都是从理论到理论的分析，往往会把"非理性"的色彩带入对自身条件和外部环境的分析中去。在求职实践或从业实践中，职校学生如果已经切身感受到发展目标、发展台阶或发展措施脱离实际，就有必要对原有职业生涯设计进行调整。

（2）重新进行自我条件剖析，是在对原定规划已经有调整意向的前提下进行的，也就是已经对新目标有了初步想法。大多数情况下，这种调整意向往往是在有了新的调整目标，至少是对第一阶段目标已经有了调整的决心的时候才产生的。在求职实践或从业实践过程中职校学生与职场有了零距离的接触，开阔了自己的视野，对缤纷繁复的职业大千世界有了进一步的了解，所以才产生了调整发展目标或阶段目标的决心，甚至已经在心中勾画出了新的目标或想法。

对于中职在校生而言，如果初次进行职业生涯设计，强调先分析发展条件、后确定发展目标是为了避免涉世未深的年轻人"眼高手低"，那么，那些已经有求职实践或从业实践的年轻人，若想进行职业生涯设计调整，往往应该先确定发展目标，再重新剖析自身条件，这样才能检验预定目标是否与实际相符。

案例

杨姗的职业困惑

杨姗在学校学的管理科学专业。杨姗知道这不是一个好行业，是一个什么都知道一点但不精的专业，在学校里过得非常不快乐。学校毕业时，终于决定放弃自己的管理科学专业，希望能够重新发展并选择自己的职业道路。

杨姗性格内向，不喜欢跟人争斗，只希望能够求得一份安定的工作，好让自己慢慢地实现专业转变，然后再谋求职业上的发展。然而，管理科学专业，找工作一点优势都没有，找心仪的工作谈何容易。不得已，杨姗随便找了份工作安顿下来，可是工作并不如人意。不开心的工作做了一段时间后，杨姗换了份工作，所找的第二份工作只在薪水方面有所调整，跟第一份工作一样，依然没有办法寻找到合适的职业方向。

转眼间几年过去了，杨姗的同学们有的当了主管，有的则当上了经理，而杨姗却因为一直在更换工作，始终在办事员的级别徘徊，她突然发现，几年过去了，不但没有找到职业方向，而且也没有练就出一种职业技能。

杨姗感到了深深的不安，看看同学，再看看自己，杨姗觉得自己做事情是很认真的，怎么就发展不了呢？她急切希望获得帮助。

想一想：

你能帮助到杨姗吗，你能为她的下一步的职业方向提点建议吗？

 **案例分析**

频繁跳槽不利于职业发展，专业转变要进行自我条件剖析，重新评估自己的职业方向与目标，探索外面的工作世界，以发现工作与自身才能的最佳契合点。

相关链接

从业以后，剖析自我的参考思路

1. 个人部分

健康状况：身体是否有病痛？ 是否有不良的生活习惯？ 是否有影响健康的活

动？ 生活是否正常？

自我充实：是否有专长？ 经常阅读和收集资料吗？ 是否正在培养其他技能？

休闲活动：是否有固定的休闲活动？ 有助于身心和工作吗？ 是否有休闲计划？

2. 事业部分

财富所得：薪资多少？ 有储蓄吗？ 有不动产吗？ 有外快吗？

社会阶层：现在的职位是什么？ 还有升迁的机会吗？（是否有升迁的准备呢，内外的人际关系如何？）

自我实现：喜欢现在的工作吗？理由是什么？有完成人生理想的准备吗？

3. 家庭部分

生活品质：居家环境如何？有没有计划换房子？家庭的布置和设备如何？有心灵或精神文化生活吗？

家庭关系：夫妻和谐吗？ 是否拥有共同的发展目标？ 是否有共同或个人的创业计划？ 与子女、公婆、姑叔、岳家的关系如何？是否常与家人相处、沟通、活动、旅游？

家人健康：家里有小孩吗？ 健康吗？需要托人照顾吗？ 配偶的健康如何？家里有老人吗？ 有需要你照顾的家人吗？

2. 评估职业生涯

评估职业生涯是通过"什么可以干"的自我审视，对求职环境或从业环境进行再分析，对自己职业生涯的机遇和困难进行评估。

在调整职业生涯设计阶段，职业生涯机会重新评估虽然也着眼于外部环境，也就是当前经济社会发展趋势、所从事的职业在目前与未来社会中的地位、自身发展受社会发展的影响、自己所在企业的内外环境、个人的人际关系等因素，但是，这种发展环境评估，就好像自我条件重新剖析一样，是在对原有目标不满意、对新目标已经有初步想法的基础上进行的。

在进行职业生涯设计时，在校期间对外部环境的分析大多依靠间接的二手资料，而在调整职业生涯设计时的生涯机会重新评估，不但已经掌握了许多一手资料，而且已经有了很多亲自体验的感受。重新评估职业生涯机会，不但要对原规划的职业生涯发展机会进行再评估，还要围绕新的初选目标实现的可能性，分析外部环境的相关因素。

3. 修正职业目标

修正职业目标是通过"我为什么干"的自我审视，在此阶段对远期目标、近期目标进行调整，也就是在自我条件重新剖析和职业生涯机会重新评估的基础上，修正职业生涯发展目标或职业生涯阶段目标。

从业者进行职业生涯目标的修正时，除了以自我环境再分析作为主要依据以外，更应该侧重于目标的价值取向。对于那些已经有求职实践或从业实践的毕业生来说，其发展目标的价值取向不再是虚拟的、理论的，而是可行的、务实的，这一点就与缺乏求职、从业实践的在校生大不相同。实在的、务实的价值取向，对于修正职业生涯发展目标或阶段目标是十分有益的。职业生涯目标修正的重要保证之一，就是在取得求职或从业实践经验的基础上对原有的价值取向进行深刻的反思。

调整职业生涯设计的关键，是选择更适合自己的发展方向，从而为自己的长期发展奠定基础，彻底解决"我为什么干"的问题。要想在职业活动中做到有的放矢、马到成功，要想使职业生涯设计更加符合自身实际，就必须在求职或从业实践过程中得到真正的感悟。

4.修订发展措施

修订发展措施是通过"干得怎么样""应该怎么干"的自我审视，根据修正后的发展目标和阶段目标，制定新的措施。

规划的贯彻、落实与规划的设计、制订同样重要。回顾自己对原规划中发展措施的落实情况，反省原规划中发展措施的针对性、实效性，不但有利于新措施的制定，还有利于新措施的落实。这种回顾和反省，既是调整职业生涯设计的需要，也是自我管理能力提高的过程。

职业生涯设计的核心内容是科学、务实、能激励自身奋发向上的目标和严谨、周密、能约束自身行为的措施，这也是评价一个职业生涯设计优劣的主要标准。

从业者每过一段时间都应该审视自身条件和外在环境的变化，并且及时调整自己的职业生涯设计。调整是与时俱进，并不是放弃。如果一个人的职业生涯发展过程并不是真的一帆风顺，那么他会发现，调整不但会有"山重水复疑无路，柳暗花明又一村"的感觉，还可以大幅度提高自身的素质。

实践之窗

修正职业目标，适应职业发展

请家长或邻居们谈谈他们的职业生涯，了解他们的职业生涯中是否经历过重大转折，他们是否有过及时抓住机会或错失良机进行调整的情况。

回忆自己在学习或生活中抓住机会或错失良机的情况，并想想自己当时是怎么想或怎么做的，以后遇到这样的情况自己又打算怎么去做。

与已毕业的师兄、师姐们聊聊，问问他们制订过职业生涯设计吗？如果没制订，问问原因是什么。如果制订了，了解一下是否做过一些调整，并弄清楚做调整的原因。

【思考人生】

现在就业压力很大，所以在学生时代我们就要全方位地提高自己的学习能力，培养良好的学习习惯。平时，你在上网时能抵制不良信息的诱惑吗？你经常利用现代手段为职业生涯发展服务吗？

为了适应将来社会的发展，我们在校时就应该关注行业动态和区域经济的发展，你有关注行业动态、区域经济发展的习惯吗？

案例

陈某在确定自己不专升本之后，就开始制作简历，然后去校园招聘会参加某大型国企的宣讲会。虽然该企业跟他的专业并不相符，但工作地点和待遇都非常吸引他。他开始有些犹豫，但又觉得，如果连简单的第一步都不迈出的话，怎么可能有希望呢？他慎重地将自己的简历做了针对性的完善，然后向该企业发出了职位申请。虽然并没有抱多大希望，但他还是持续关注和留意这家国企的状况。

没想到，他真接到了面试通知。因为这是他参加的第一次面试，陈某非常紧张，面试结果并不好。但陈某认为，这是一个好的开始，他有了一些信心。接着，他往更高的目标进军。但遗憾的是，投给3个事务所的简历都没通过。简历通过的那个事务所，也因为他笔试成绩不好而没有录取他，不过他还是没有放弃。

最后。他应聘某知名化妆品外企的一个非常抢手的职位。在参加面试的过程中，他看到很多比他更加优秀的人才，他心情稍微有点低落。因为这个职位对他来说，是目前最理想的一个，发展前景非常乐观，工作岗位符合他的个性和能力，工作地点在一线大城市。为了实现自己的愿望，他还是硬着头皮参加了面试。不过最后他还是落选了，和他同时落选的还有一个比他学历高的同学。但他仍不放弃，多次跟该企业的人事部门沟通交流。

就在这时，一个出人意料的情况发生了，该职位已被录用的人中有一位违约不去了，由此空出了一个岗位。按理说，应是那个学历高的落选者填补这个空缺，但因为陈某最早得知了这个消息,抓住机会，再次报名并投放了简历，功夫不负苦心人，陈某最终成功获得了该职位。

 **案例分析**

不放弃，不断采取行动，不断争取机会，是陈某最后如愿以偿的根本原因。如果他不敢尝试，不敢迈出第一步，那对他来说梦寐以求的企业就只能是一个美好的梦想。

想一想：

陈某是如何成功地获得自己心仪的职位的？

第三节　科学评价职业生涯设计

案例故事

职场"候鸟"

王荣大学毕业后，进入了一所中学当数学老师。他当初选择教师作为自己的职业是因为教师收入稳定，工作压力不是很大，工作也比较自由，而且一年还有三个月的假期。刚开始时，王荣对自己的工作非常满意，觉得教师真是太适合自己了。可是，慢慢地他对这份职业失去了往日的热情和投入。他觉得虽然教师收入稳定，工作压力不大，但是教师的活动太单调了，每天就是上课、下课、值班，除此之外没有什么变化。他觉得做市场销售可能比较适合自己，因为市场销售是一个充满挑战和变化的职业。

三年后，他跳槽到了一家器材公司做业务员。凭着对工作的热情、投入及聪明才智，他干得不错，月月都能超额完成任务，因此得到了领导的赏识，很快被提升为市场部经理。然而，他对这份工作像前一份工作一样，刚开始充满了热情，可是慢慢地他又发觉这份工作不太适合自己。做市场的最大一个缺点就是工作没完没了。随时都有可能出现新的情况。两年后，他又再次跳槽到了一家咨询公司。

候鸟是注定不会在一个地方永久住下去的。王荣就是一只"候鸟"，在随后的几年中。他前前后后换了三份工作，并且每次都是从事不同性质的工作。在大学毕业十周年的纪念日，他的同学有的是总经理，有的是具有高级职称的中学老师。而当同学

职业生涯设计

问起王荣的近况时，王荣只好说："我最近开了一个杂货店，每天卖一点副食品。"

 案例分析

王荣职业生涯发展的结果之所以如此，一方面是他不清楚自己到底需要什么，另一方面是每次在选择自己要从事的职业时，未深入思考和分析职场，对未来的工作过分理想化，最终失去了发展机会。

想一想:

王荣的"候鸟"式的职业选择值得推广吗，给你怎样的启示？

一、评价职业生涯成功的不同价值取向

职业生涯成功是个人职业生涯追求目标的实现。职业生涯成功的含义也因人而异，具有很强的相对性，对于同样的人在不同的人生阶段有着不同的含义。很多人以为职业生涯成功就是获得地位和财富的满足，于是为了达到这个标准而拼命努力。一旦没有能够在期望的时间内达到这一目标，便灰心地以为自己的职业生涯失败了。其实这种成功观是一种偏见。

很多时候，在有限的生命里，一般无法达到所有的目标，但这并不意味着职业生涯的失败。怎么样的职业生涯才算是成功的？每个人的价值观不同，职业需求不同，对成功的定义也会有所差别。对有的人来说，成功意味着一定数量的金钱；对有的人来说，成功意味着较高的地位声望；有的人可能认为成功就是35岁前拥有豪宅名车、可意的伴侣和聪明健康的孩子；有的人或许将成功定义为抽象的概念，例如和谐工作环境带来的愉悦感，完成具体工作的成功带来的成就感，帮助别人带来的满足感等。每个人都可以对自己的职业生涯成功定出标准。

成功没有统一的标准，但是，每个人都应当有自己的明确的成功标准，并时时用这个标准来检验实际的行动。事实上，一般只能对事情本身做利弊分析，而不好用成功与否来衡量一个人。其实，每个人都有自己成功的一面。成功没有统一的标准，大致有五种成功方向。

（1）进取型。进取型视成功为升入组织或职业的最高阶层，特别注重在群体中的地位，追求更高的职务。

（2）安全型。安全型追求认可、稳定，视成功为长期的稳定的工作即可。

（3）自由型。自由型追求不被控制，视成功为经历的多样性。希望有工作时

间和方法上的自由。

（4）攀登型。攀登型希望得到挑战，刺激冒险，愿意做创新型工作，视成功为螺旋式不断上升和自我完善。

（5）平衡型。平衡型视成功为家庭、事业和自我发展等均衡协调发展。

以上提及的职业生涯成功标准以及相关观念都不同程度地来自个人的思维习惯、动机、职业价值观和决策类型，它们不但反映了职业生涯成功标准具有明显的多样性，同时还成为指导人们评价自己职业生涯是否成功的依据。

每个人职业锚不同，决定了其职业需求类型与职业目标的差异，这造成了个人在职业生涯层高标准上的多样性。即使对于同一个人，职业生涯成功的意义在不同的人生发展阶段也可能不同。

现在，可以请你思考下面的问题，判断下，你的成功标准倾向于哪一种？

（1）如果你的职业生涯是成功的，在你退休的那天，你会满意地想这是因为你已成功地……（指出重要点）

最重要的是哪点？

（2）如果你的职业生涯是失败的，在你退休那天，你会遗憾地想这是因为你没有成功地……

①最主要的一点是什么？

②在这点之间，你看到了什么联系？

③对你的职业而言，你能从中做出什么决定？

（3）讲述你的职业生涯轨迹（在你职业生涯开始和退休这天的两点之间划出你的职业生涯路线）

①目前，你处于什么位置？你怎么解释这种选择？

②前面的轨迹和后面的轨迹有什么关系？

③这条线的哪些特点与你相适应？

④哪些特点是你希望改进的，怎样改进？

二、评价自己的职业生涯设计

有的人对职业生涯成功的定义就是事业的成功，为了事业可以牺牲健康和家庭。有的人对职业生涯成功的定义是职业生涯成为个人事务和家庭生活保证的基础，即如果能起到基础的保证作用，就视为职业生涯的成功，有的人认为个人事务、职业生涯、家庭生活的协调发展才是职业生涯真正的成功。要想全面地评价职业生涯是否成功，就必须考虑个人、家庭、企业、社会等各方面的因素。

职业生涯设计

如何全面评价职业生涯的成功？职业生涯成功的标准可分为"自我认为""社会承认"和"历史判定"，在这些标准中，职业生涯的成功意味着个人才能的发挥以及为整个人类社会做出贡献。职业生涯成功标准可以按照人际关系范围分为自我评价、家庭评价、企业评价和社会评价。一个人如果能在这四类评价中都得到肯定，那么他的职业生涯就大概率是成功的。

评价要素、评价者、评价内容和评价标准共同组成了职业生涯评价体系（见下表）。

表 5-1　职业生涯评价体系

评价要素	评价者	评价内容	评价标准
自我评价	本人	自己的才能能否充分施展 对自己在企业发展、社会进步中所做的贡献是否满意 对自己的职称、教务、工资待遇等方面的变化是否满意 对处理职业生涯发展与其他人生活的关系的结果是否满意	根据个人的价值观念及个人的知识水平、能力
家庭评价	父母、配偶、子女等家庭成员	是否能够理解和肯定 是否能够给予支持和帮助	根据家庭文化
企业评价	上级、平级、下级	是否有下级、平级同事的称赞，是否有上级的表彰 是否有职称、职务的晋升或相同职务权力范围的扩大 是否有工资待遇的提高	根据企业文化及其总体经营结果
社会评价	社会舆论、社会组织	是否有社会舆论的支持和评价，是否有社会组织的承认和奖励	根据社会文明程度、社会历史进程

需要注意的是，职业生涯成功的含义因人而异，具有很强的相对性，对于同样的人在不同的人生阶段的意义也不尽相同。但总体来说，职业生涯的成功是个人职业生涯追求目标的实现。每个人都可以明确界定自己的职业生涯的成功标准，界定的内容应该包括成功意味着什么、成功时发生的事和一定要拥有的东西、成功的时

间、成功的范围、成功与健康、被承认的方式、想拥有的权力和社会地位等。成功对有些人来说可能只是一个抽象的、不能量化的概念，比如在和谐的气氛中工作，觉得愉快，有完成工作后的满足感和成就感。在变化万千的职场上，有人追求工作内容的丰富多彩，有人追求职务的晋升，有人追求劳动报酬的增加。而职业生涯的成功对于年轻人来说往往首先体现为在职业活动中产生满足感与成就感，并使工作更具有难度和挑战。

相关链接

人生成就的三大资源

1. 人脉：家庭关系、姻亲关系、同事（同学）关系、社会关系。

解决措施：沟通和自我推销。

2. 金脉：薪资所得、有价证券、基金、外币、定期存款、财产（动产、不动产）、信用（与为人和职位相关）。

解决措施：储蓄、理财有方、夫妻合作、努力工作、提高自己的能力条件及职位。

3. 知脉：知识力、技术力、企划力、预测（洞察）力、敏锐力。

解决措施：做好时间管理、安排学习计划、上课、听讲座、进修、组织内轮调岗位、多做事、反复联系、经常做笔记、做模拟计划。

1.评价职业生涯设计的目的和依据

通过衡量、评定规划的价值，进一步发挥职业生涯设计对自我发展的激励功能，为自己能有一个良好的开端和高质量的职业生涯设计发展服务，这是评价职业生涯设计的目的所在。

职校学生在评价自己的职业生涯设计时，要始终围绕着规划能否促进职业生涯的可持续发展来进行。在具体操作时，应从以下两个方面来把握：

第一，要有现实性。主要体现为近期目标、长远目标是否适合自己，制定的措施能否落实，能否让自己不断地品尝成功的喜悦。职业生涯设计必须具有可操作性，且有实现的可能。

第二，要有激励性。主要体现为阶段目标、长远目标和发展措施能否不断地激励自己奋力拼搏、奋发向上，能否督促自己珍惜时间、养成良好的习惯，能否不断地增加自己实现发展目标的自信。

李开复的成功之路

李开复先生在 2005 年 7 月正式从微软跳槽谷歌，担任全球副总裁兼中国区总裁，成为世界首富的敌人，一年多之后，谷歌才与微软达成和解协议，李开复在谷歌中国区的工作才得以全面解禁。下面我们通过李开复的求学和职业生涯来谈谈人生规划的几个关键因素。

（1）选对专业

在父亲的影响下，李开复在美国哥伦比亚大学选择的是法律专业。在 20 世纪 80 年代的美国社会，律师是地位高、收入多、前途好的理想职业，但是到了大二李开复发现自己并不喜欢这个专业。他在接触计算机之后，疯狂地喜欢上了这个专业，每天废寝忘食地编程，随后便放弃已修一年多的法律专业，转入了计算机专业学习，自己的数学天赋得以充分地发挥；因为选择了计算机专业学习，兴趣激发了热情，为李开复的学习带来了持久的动力，他大胆尝试，积极主动地争取成功的机会。后来，他在计算机领域取得了辉煌的成就：第一个开发出"非特定人连续语音识别"系统，开发出击败人类的国际象棋世界冠军——"奥赛罗"人机对弈系统，成为卡内基梅隆大学计算机系的助理教授，2000 年又成为美国电气和电子工程师协会的院士。如果没有改学计算机，那么今天的李开复也许只是一个不知名的小律师。

"想要爱你所做，要先做你所爱"。成功不一定是靠专业知识，但选择一个正确的、适合自己的专业，将激发出最大潜能。对于 25 岁之前的人来说，选择专业是跨出职业生涯道路的第一步，如果姚明没有选择打篮球，恐怕就没有现在的影响力和成绩。因此，选择先于努力，强迫自己做不喜欢的事情，将会平凡地度过一生。所以不想人生留下遗憾，就应该在全力以赴之前慎重选择。

（2）选对环境

李开复是幸运的。他在良好的环境中成长，美国的教育方式以赞扬和激励为主，鼓励学生锻炼推理能力和创新能力，所以学生通常具有触类旁通、举一反三的分析能力。在攻读博士的时候，李开复选择了开明的导师瑞迪，开始了语音识别系统的研究，当他提出了和导师大相径庭的解决方案时，导师并没有阻止他的尝试，而是保留不同意见地支持他做下去。结果李开复成功了，获得了商业周刊颁发的"1988年最重要科技创新奖"。取得博士学位后，李开复在卡内基梅隆大学教了两年书，但他发现这并不是他的理想，所以他毫不犹豫地接受了苹果公司抛过来的橄榄枝。选择"下海"，是李开复人生的又一个飞跃。主动地选择自己所爱，使李开复一路升迁，从语音组经理到多媒体实验室主任，再到互动多媒体全球副总裁。到后来为微软组建中国研究院，改变了微软在国人心中霸权的形象，为中国的大学生提供职业指导，成为他们的"精神教父"，一切似乎如鱼得水。但是，七年之后，李开复觉得在微软能学习到的东西不多了，又做出了一个震惊世界的决定——跳槽谷歌。而且还公开是自己主动向谷歌投怀送抱的，他的解释是：我必须遵从我的内心！

（3）自信积极的人生态度

李开复是一个普通的人，因为他曾经和我们大多数人一样：上台演讲会手脚发抖；怕得罪人而不敢行使管理权力；认为只要创新就一定有市场价值。李开复又是一个不平凡的人，因为他为了提高演讲能力，强迫自己每月做两次演讲；勇敢地开除绩效低下的师兄；悟出了一个道理——对人类有用的创新才是更重要的。这一切源于李开复自信积极的人生态度，他清楚自己的能力，自信只要我想要的我就可以，定位清晰，发展方向坚定，持之以恒。拥有自信和积极心态的人，很容易在职场上游刃有余。如果在台上脸红的李开复因为被笑称为"开复剧场"就放弃了演讲，那么他不可能有这样的影响力——在全国高校每场几千人的巡回演讲。

成功学专家拿破仑·希尔认为："人与人之间其实只有很小的差异，但是这种差异却造成了巨大的差别！这种差异就是所具备的心态是积极的还是消极的，巨大的差别就是成功和失败。"积极的心态能使人看到希望，激发自身的潜能，有助于克服困难，保持进取的旺盛斗志。而消极的心态则使人沮丧、抱怨、失望、自我封闭，限制和扼杀自己的创造力。李开复在主动找上谷歌时说了一句话："我不想在70岁的时候因为看到谷歌是世界最大的公司，而后悔没有在43岁的时候把写好的E-mail发出去。"事实上，李开复跳槽只有两个主要原因：一是，谷歌是个充满活力、激情、创新自由的类似研究院的公司；二是，谷歌可以满足李开复回国工作的愿望，因为中国有他极其期望和牵挂的大学生。

（4）情商重于智商

在寒窗苦读的十几年中，学习的科目不少，但从本质来看只有理科和文科两类。理科给了我们分析和推理能力，是智商的基本体现；而文科则教会我们表达自己的感情和思想，是情商的一种表现。在竞争激烈的商业世界中，高智商可以让你找到稳定的工作，而高情商会让你的职位不断升迁，影响圈和舒适圈不断扩大。从卓越的科学家到卓越的经理人，证明李开复肯定是一个智商和情商都非常高的人。想在大公司里生存，又要带领庞大的团队，员工关系是非常重要的。当2000年李开复被调回微软美国总部时，有600多名下属，为了了解员工的需求，以便有效开展部

職业生涯设计

门工作，他每周与 10 位员工共进午餐，聆听员工的心声和建议，很快地，他了解了所有的下属，有效地分配了人力资源。李开复的例子表明，作为一个管理者，越是高层，越需要情商，而不是智商。

案例分析

从李开复的人生选择中我们深刻地体会到：一份工作是暂时的，而职业的发展是永恒的。职业生涯是可以自己设计的！成功的人生需要正确的规划，因为你今天站在哪里并不重要，但是你下一步迈向哪里却很重要。

2. 评价职业生涯设计的方法和形式

职业生涯设计的目的是为了督促自己发展，并引导自己获得职业生涯的成功。评价自己的职业生涯设计主要从以下两个角度来进行：

第一，按职业生涯设计的设计过程，即按发展条件、发展目标、发展台阶、发展措施四个环节的顺序，审视各环节的现实性、激励性。

第二，重点检查自己的近期目标与发展条件的匹配程度，以及近期目标的成功概率和实现近期目标措施的可行性，即检查与职业生涯发展的职业准备期、职业选择期、职业适应期有关的目标、措施的现实性和激励性。

对职业生涯设计做出评价，主要有自我评价、集体评价和教师评价三种形式。其中自我评价是评价职业生涯设计的基础，除了按上述方法整体审视、重点检查规划的内容以外，还要回顾自己在学习"职业生涯设计"课程和制订自己的职业生涯设计的过程中，有哪些提高和欠缺，要通过自我评价再次认识自我、激励自我。

集体评价是完善职业生涯设计的重要一环。在进行小组或班级评价时，一方面，要鼓励同学积极评论，认真倾听同学们的建议；另一方面，在评价别人的职业生涯规划时，既要积极提出修改建议，还要肯定这位同学在学习"职业生涯设计"课程的过程中所取得的进步。集体评价的过程，是相互帮助、相互激励的过程。

教师评价是再次修订职业生涯设计的导向。不用过分看重得到的分数或等级，而应该重视老师对规划本身的修改建议，重视老师对你在规划自己职业生涯的过程中取得的进步的评语。

简而言之，符合自身条件的发展机遇，能让自己在职业生涯发展道路上理智地做到"走一步、看两步、想三步"，能帮助自己珍惜学生时代，能真正促进自我可持续发展，激励自己向一个又一个目标冲击的规划，便是好的职业生涯设计。

实践之窗

【观察走访】

走访事业有成的师兄、师姐，了解他们踏上社会后的体会，了解他们面对困难时采取的态度。访谈后，和同学们进行交流，并据此调整自己的职业生涯设计。

【集思广益】

组织师生参加"我的未来不是梦""展望未来"等以职业生涯设计为主要内容的主题班会，争取更多的同学和老师能对自己的职业生涯设计提出意见。

【总结回顾】

学完本课，请你运用评价职业生涯设计的方法，在学习小组内从现实性、激励性两方面逐一评价每一位同学的职业生涯设计。整理下自己对职业生涯设计的评价，按下表的格式填写。并请小组长汇总大家的看法填上集体评价。然后把自己的规划评价表交给老师，请老师给予指导。

职业生涯评价表

规划标题：	姓名：
自我评价	
集体评价	
教师评价	

参考文献

1. 刘万明，孙昀. 大学生职业生涯规划教程［M］. 北京：中国铁道出版社，2011.

2. 刘瑞晶. 职业生涯规划：理论、案例与实训［M］. 北京：中国人民大学出版社，2015.

3. 钟树春，吴先用，李金梅主编. 职业生涯规划［M］. 成都：电子科技大学出版社，2020.

4. 张乐真. 职业生涯规划与指导［M］. 北京：人民邮电出版社，2014.

5. 郭虎. 大学生职业发展新编教材［M］. 银川：宁夏人民教育出版社，2012.